5G + 消费新零售

CONSUMER
NEW RETAIL

双循环下的新消费格局

余泓江　刘东明　著

中华工商联合出版社

图书在版编目（CIP）数据

　　5G+ 消费新零售：双循环下的新消费格局 / 余泓江，
刘东明著 . -- 北京：中华工商联合出版社，2020.11（2024.2重印）
　　ISBN 978-7-5158-2857-2

　　Ⅰ. ① 5… Ⅱ. ①余… ②刘… Ⅲ. ①网络营销 Ⅳ.
① F713.365.2

　　中国版本图书馆 CIP 数据核字 (2020) 第 175029 号

5G+ 消费新零售：双循环下的新消费格局

作　　者：余泓江　刘东明
出 品 人：李　梁
责任编辑：于建廷　臧赞杰
装帧设计：中宣文化
责任审读：傅德华
责任印制：迈致红
出版发行：中华工商联合出版社有限责任公司
印　　刷：三河市同力彩印有限公司
版　　次：2021 年 1 月第 1 版
印　　次：2024 年 2 月第 2 次印刷
开　　本：710mm × 1000mm　1/16
字　　数：220 千字
印　　张：12.75
书　　号：ISBN 978-7-5158-2857-2
定　　价：69.00 元

服务热线：010-58301130-0（前台）
销售热线：010-58302977（网店部）
　　　　　010-58302166（门店部）
　　　　　010-58302837（馆配部、新媒体部）
　　　　　010-58302813（团购部）
地址邮编：北京市西城区西环广场 A 座
　　　　　19—20 层，100044
http://www.chgslcbs.cn
投稿热线：010-58302907（总编室）
投稿邮箱：1621239583@qq.com

推荐序

千万级社群经济有你吗？

当时间跨入 2020 年，我国迎来了全面建成小康社会的决胜之年。这一年，绝对贫困问题将被彻底消灭，第一个百年奋斗目标即将如期实现。这是百年一遇的时刻，奋斗的汗水与胜利的荣光终将汇于 2020 年的某一个瞬间。

然而，当我们正在回味百年历史、展望美好未来时，一场突如其来的疫情打破了人们原本平静的生活，扰乱了我国正常的经济秩序。这一年，春节不再热闹，人们不再聚集，城市不再喧嚣，市场不再活跃……似乎一切都被按下了暂停键。

这次全球性疫情，不仅给我国社会经济的发展带来了严重的冲击，而且给世界各国造成了巨大的经济危机。随着疫情的蔓延，大量企业停工停产，员工失业。一时间，整个社会都充满了悲观的情绪，很多企业都开始茫然失措，不知道出路在哪里。一个大钟停摆了，另一个大钟就会响起来。为了保障民生、缓解企业困难，我们看到我国政府采取了多项有效举措，持续为我国社会经济的发展保驾护航。

这一年，"新基建"首次被纳入政府工作报告中。新一轮产业革命正在兴起，以物联网、大数据、区块链、5G 等为代表的新一代信息技术正在迈向应用化阶段，打造一套专业完备的数字化基础设施成为构建现代化经济体系的必然选择，也是疫情防控期间促进消费回升、助力企业发展的有效举措。以技术驱动为核心的"新基建"必定能够与新消费实现同频共振，创造出更大的价值。

这一年，"六稳""六保"成为政府工作的重要着力点。当前，疫情防控形势仍然十分严峻，企业面对的不确定性因素太多。为了维护经济发展和稳定社会大局，政府加大"六稳""六保"工作力度，将保居民就业、保基本民生、保市场主体等作为重要着力点。守住"六保"底线就能稳住经济基本盘；以保促稳、稳中求进，就能为全面建成小康社会夯实基础。

当前，我国企业面临的风险与挑战前所未有，但是我们有独特的政治和制度优势，有雄厚的经济基础，有巨大的市场潜力。我们要坚信，我国经济发展有着巨大的韧性和潜力，经济长期向好的态势不会改变。只要勇于直面挑战，坚定发展信心，抓住政策机遇，企业就一定能够转危为机，迎来光明的未来。

当然，危机中往往伴随着机遇，会引发新一轮的商业变革。疫情之下，我们看到了无人配送、无人药店、无人超市等包含新技术手段的新消费业态不断涌现。未来，科学技术将会得到更大程度的发展，同时会催生出更多新业态，新零售必然也需要不断升级才能适应社会发展，从新零售到消费新零售必将成为大势所趋。新零售不是传统、简易的O2O模式，而是将线上互动和线下体验场景进行深度结合。因为真正的新零售，就是由线上和线下资源所组成，否则它就只是虚有其表的伪新零售。

目前，商家重新回归线下并非偶然，而是顺应流量的发展趋势。线上流量的持续走高让商家开始意识到流量的重要性，流量就代表着新零售，所以商家追求流量也成为必然趋势。

线上流量虽然看似让商家得到了更多的利润，但实际上它的边际成本、平均成本高企也让商家的利润空间变小。当线上流量成本高于线下流量时，新零售模式便诞生了，就如同线上成本低于线下，商家便会毫不犹豫地抛弃线下，纷纷转移到线上一般。在商家眼中，消费者在哪里，流量池就在哪里，不管是传统零售还是新零售，这是绝不会更改的。

在新零售中，消费者仍然是核心元素，线上的交流互动、线下直观体验，对商家来说是吸引客户、留住客户并产生转化率的关键所在，谁能与消费者成功对接，谁就能赢得商业回报。新零售模式更注重客户的大数据管理，它是对消费群体进行精准化管理，采集消费习惯数据，从而降低库存量，提高销售率。

此外，疫情导致复工复产延期，使人们的出行受阻，大家都闭门在家，闲暇时间增多。这为企业构建社群生态圈提供了良好的发展机遇。未来，以产品为核心的商品经济和市场经济无法再适应社会发展的需要，取而代之的必然是以消费者为核心的社群经济。

近年来，移动互联网得到了快速发展，这为社群经济的发展按下了加速键。面对新的商业格局，你做好准备了吗？面对前所未有的发展机遇，千万级社群经济有你吗？

那么，社群经济究竟是什么？企业获得成功的方法又是什么？创业者又如何才能成为千万级社群领袖呢？对于这些问题，你将从这本书中一一找到答案。

上海国方医药研发团队首席生命科学家

历史名人胡雪岩第四代嫡孙

胡妙绅 教授

2020 年 8 月 28 日

自序一

新零售重启，你准备好了吗？

　　"永久闭店""倒闭""跌停""资金链断裂"……这些成了 2020 年上半年商家与消费者最常看到的词汇，而这也意味着消费市场将迎来巨变。疫情之下，人们尽量减少外出，开始了在家制作各种美食的居家生活。实体门店无法开门盈利，纷纷转向网络直播卖货，试图转亏为盈。

　　为帮助更多经营受挫的农户挺过难关，众多明星、媒体从业者、政府官员开始了爱心助农网络直播活动，通过直播渠道选购产品已经成为 2020 年一种新的网络消费新方式。危机爆发的背后注定有着新一轮的变革。因为疫情的蔓延，国家实行"少出门、不聚会"的防疫指导方针，要求各地政府加强人流管控，避免聚集感染，出门成为"奢侈"，这给消费带来了前所未有的变化。

　　线下消费受到阻碍，那就转为线上消费。"无接触配送""帮买服务"无一不成为疫情期间受人们欢迎的消费新方式，除此之外，"在线教育"成为学生们接受教育的重要渠道。消费方式的改变给新零售带来了新变化，你看到了吗？

　　新的消费形态已初显，互联网的飞速发展给消费注入动力，线下线上融合发展将是未来的新趋势。疫情期间，消费者将视线聚焦在"线上购买，送货上门"的消费方式之上，无形之中，重复购买与优质的消费体验会增加消费者对商家的信任，疫情结束后，消费者转为忠实粉丝的概率将大大提升。

数字化与科技化是未来消费的技术支撑。互联网与科技的高速发展，必将给未来新零售带来更广阔的发展空间，从新零售到消费新零售必将成为大势所趋，新零售催生了社交电商，消费新零售则催生了无极云商。2020 年 8 月 16 日，消费新零售——无极云商 APP 正式上线。此平台以消费者为中心，全面为消费者赋能，通过进一步整合消费者信息，对消费者实行个性化定制服务，为消费者提供全方位的技术支持，将复杂烦琐的消费方式简单化，自动生成最适合消费者的消费方案。

2020 年上半年的疫情是世界的"灾难"，疫情蔓延，整体消费能力下降与整体经济下行，全球消费需求受到限制。而随着我国疫情的缓解，市场悄无声息地发生着变化，许多经济学家预测 2020 年下半年，被压制许久的国内消费需求将会得到报复性爆炸式增长。

如此爆炸式的消费需求变化，你看到了吗？机遇往往就在危机的背后产生，抓不抓得住需要看你能否准确地预判趋势，把握住机遇。5G 技术对新零售产生的多重影响、线下线上融合趋势的进一步加深、消费群体的不断变化、消费者对产品"内容"的不断重视，都是我们应去主动发掘的新信息。

《5G+ 消费新零售》这本书，将从多种角度出发，带你发现不一样的新零售。如何一跃成为"千万级社群领袖"？作为商家如何掌握消费者不断变化的需求？消费者究竟想要选择什么样的商家与产品？这里都有你想要的答案。

积极拥抱消费新零售，你准备好了吗？

2020 年 9 月 8 日

5G 开启消费新时代

5G 时代的来临，以容量高、速度快、延迟低三个鲜明的特点迅速引爆互联网。同时，万物互联与人工智能技术的发展与成熟，为消费者提供了更智能、更便捷的服务。5G 技术的发展，势必为企业带来无限商机，消费者新时代也将开启。

消费者从线下实体消费到线上消费，再到线上线下融合消费，消费方式在不断升级。随着 95 后、00 后涌入消费大军行列，消费者的个性化追求愈加明显，追求新事物、不墨守成规成了新生代消费者不谋而合的消费新理念。

未来消费，更加有趣。随着人们生活水平的逐渐提高，消费者的消费目标向着有趣、新鲜的消费体验转变。迈入 5G 时代，万物互联将进一步升级，人与物的交互将更加紧密，这就意味着消费者在消费时能够获得更多的有趣体验。VR 的全新设计、AR 的成熟运用，不仅能够为消费者提供智能化的消费体验，而且能够拉近消费者与商家的距离，将虚拟的信息与真实世界巧妙融合，为消费者打造全新的消费体验。

未来消费，更加便捷。打开手机，各类繁杂的 APP 令消费者眼花缭乱，看似多功能的设置实则给消费者带来的更多的是不够便捷的服务体验。5G

技术的应用，将为消费者带来全新而又便捷的消费场景。人、货、场的构建将进一步升级，单纯的线上或线下消费将被线下线上消费所取代，消费将变得更加便捷。另外，5G技术打通消费新空间，实现消费"零"距离。速度快、延迟低的5G技术特点将为未来消费提供稳定的技术支持，为消费者与商家搭建"零"距离的沟通平台，使商家可以第一时间获取信息，消费者可以第一时间得到答复，让未来的消费更加便捷。

未来消费，更加个性化。一方面，5G技术为消费者提供更智能化与个性化的服务，消费者将拥有专属于自己的私人订制服务。以大数据为支撑，消费者的消费习惯与消费信息将被智能地整合起来，在消费者发出消费信号的同时会得到定制化方案。5G技术将帮助商家为消费者完善定制流程，提供个性化定制界面，将个性化消费服务体验贯穿消费者消费的整个流程之中，真正做到了以消费者为中心。另一方面，对于商家而言，全面的数据分析能够提升备货、获客与销售的效率，从而促使消费者二次消费。

未来消费，由你做主。在消费新时代开启之际，消费者的地位进一步提高，抓住消费者不再单单只靠品牌与低价。在如今的消费市场当中，作为消费主力军的95后甚至00后，对个性化的追求加深，消费者更加愿意支付更多的金钱来获取不一样的消费体验。因此，从消费者角度出发，与消费者建立信任关系是未来消费的发展趋势，抓住消费者，才能抓住未来的消费市场。

5G开启消费新时代，新的机遇就在眼前，消费者消费方式的改变与消费体验的升级无一不影响着现在乃至未来消费市场的变化。5G技术正在改变着中国人的生活与消费，未来，也将改变世界的消费方式，引领消费新时代。

刘东明

2020年9月6日

目录
CONTENTS

第四部分

5G

＋

消费新零售

第一部分

第一章
这是以变应变的时代

　　这是一个最好的时代，科技发展异常迅猛，消费不断升级，给企业发展带来了新机遇、新风口；同时，这也是一个最坏的时代，经济形势复杂，不稳定性不确定性较大，市场变化迅速，所有行业都面临前所未有的压力！

　　时代对企业发展有着深远的影响。因此，本章将从时代大背景角度来详细阐述企业当下面临的发展困境，深刻剖析企业的破局之道，帮助企业找到新风口和新出路。

第一节 "双循环"格局下中国企业的战略选择

21 世纪已然走入第三个十年，中国前行的脚步越发稳健。岁月总是不动声色，却拥有改变世界面貌的强大力量。大胆尝试，坚定探索，实事求是，深化改革，求新求变，中国走过的每一步都是必然的，也是有价值的。

随着中国经济总量在全球占比日益增高，人民生活水平大幅提高，消费需求逐渐多样化，中国消费品市场规模更是不断扩展。回望 2019 年，零售市场规模跨过 40 万亿元大关，消费已然成为我国经济增长的首要动力。未来，满足国内需求还将成为中国发展的根本。2020 年 5 月 23 日，全国政协经济界联组会隆重举行，严峻复杂的世界经济形势使得"国内大循环"与"双循环"加速推进。

"国内大循环"重在构建内需体系，推进多方面创新，着眼战略性新兴产业，保证经济运行中生产、分配、流通、消费四个环节的畅通；而"双循环"强调不关门闭户，保持国内市场和国际市场的联通、促进。"逐步形成以国内大循环为主体、国内国际双循环相互促进的新发展格局"，不仅是新形势下中国对不利局面的积极应对，还是实现"两个一百年"奋斗目标的科学指导。面对百年未有之大变局，审时度势，乘势而上，才能创造更加美好的明天。

"满眼生机转化钧，天工人巧日争新。"每个时代都是最好的时代，每个时代也都有优秀的企业。它们在时代的大河中成长，积聚力量，劈波斩浪，到达一个又一个巅峰，直至理想的彼岸，然后向着更大的目标奋勇前行。

"没有成功的企业，只有时代的企业。"顺势则生，逆势则亡，企业的发展和时代的前行是同步的。顺应时代趋势，企业要学会在瞬息万变的现代社会中不断摸索，抓住珍贵易逝的机遇，紧紧跟上时代的节奏。迎风而上，企业才能掌握主动权，破局而出，不被时代所抛弃。

✧ 计划经济时代，红星的历史性发展机遇

1949 年对所有中国人而言，是一个不平凡的年份。这一年，中华人民共和国成立，中国真正成为独立自主的国家。此前的十几年里，抗日战争和解放战争解决了中国的内忧外患，但战争不可避免地对国内经济的发展产生不利影响，使得新中国成立时的工农业生产水平较低，企业发展受困，严重影响国家财政收入。面对这样的困局，中国政府选择建立计划经济体制，迅速集中全国的经济力量发展建设，企业发展迎来了新的机遇。作为首都，北京以其厚重的历史底蕴和便利的地理位置，成为国家发展的重中之重。

1949 年 4 月 11 日，华北首届酒类经营管理会议召开，会议决定对酒实行专卖，不再允许私人经营，同时决定在北京地区建立第一家国营酿酒厂，即华北酒业专卖公司实验厂。很快，厂址就被选好了，"跑马圈地"定在了东郊八王坟。这就是北京红星股份有限公司的前身，也是红星创造辉煌的起点。

1951 年，新中国首批核准注册的商标之中就有红星商标。50 年代中期，粮食进入统购统销的时期，酒厂纳入计划，市民凭借购货本也只能每户每月限购两瓶。当时人民日子艰苦，但红星二锅头依然是他们的心头之好，不能割舍。作为惠民酒，政府明确限制其价格，保证普通市民能喝得起。直到 90 年代初期，进入市场经济，国家才最后开放其自由定价的资格。不过，即使拥有这一权利，红星二锅头的定价依旧没有脱离人民群众，初心不改。

红星在计划经济的土壤中生根发芽，茁壮成长，它走过的每一步都带着国家和政府的殷切期望。在巨大的发展空间和良好的生产环境中，红星积极发展生产，研究工艺，以极高的产品品质赢得了消费者的青睐。

进入 21 世纪，北京酿酒总厂改名为北京红星股份有限公司。在新的发展环境中，红星吸收计划经济时期的优良经验，顺应时代，加快改革步伐，愈战愈勇，用更好的状态迎接它的下一个伟大机遇。

✧ 市场经济时代，美的的改革创新实践

随着改革开放的进一步推进，我国制定了以经济建设为中心的基本路线，随后逐步确立了社会主义市场经济体制。实践证明，经济运行既不能单靠计划经济模式，也不能单纯地依靠市场，中国用实践走出了一条市场与政府作用相结合的道路。

美的创业于 1968 年，迎着珠三角改革的浪潮，1980 年，美的决定正式进入家电行业。同年，美的首次自主研发并生产出第一台金属台扇，而这一台风扇，标志着美的在家电行业有了立足之地。1981 年，"美的"商标正式注册使用，让美的成为改革开放后第一批受益的民营企业。

站在市场经济初步运行的时代，美的紧跟经济发展趋势，不断创新，敢为人先，时刻保持战斗状态，走在时代的前列。随着社会经济水平的逐步提升与市场的不断扩大，美的捕捉到风扇已经不足以满足人们不断变化

的消费需求。此时，美的凭借敏锐的市场观察力，决定进军空调行业，做国内空调市场的先行者。

随着社会主义市场经济的深入发展，美的抓住机会，成为第一个敢吃螃蟹的人，顺利争取到股份制试点名额，成为广东省首批 8 个内部股份制改造企业试点单位之一，逐步建立起现代企业制度，成为中国第一家上市的股份制乡镇企业。同年，美的电器挂牌上市，成为中国第一家经中国证监会批准的、由乡镇企业改造的上市公司。

美的是社会主义市场经济改革的参与者与见证者，更是市场经济的受益者。在市场经济时代，美的缔造了我国民营企业成功发展的典型。

在市场经济时代，有无数企业像美的一样，顺应经济发展趋势，满足人们的消费需求，进一步深度挖掘消费者的隐藏需求，提高企业销售额，最终成为行业内的标杆企业。

◇ 网络经济时代，阿里巴巴的辉煌

在信息时代，科学技术加速网络传播，而网络的广泛传播带来的是人民生活的巨大变革。不管是衣食住行，还是学习娱乐，都能让个人需求在网络上得到满足，极大地改变了人们的消费习惯。超 9 亿的网民群体，代表着中国庞大的网络消费市场。作为全球重要的电子商务公司，阿里巴巴集团在这个网络消费市场中已然占据着不可撼动的地位。

2014 年，阿里巴巴集团在纽约证券交易所成功上市。之后，阿里巴巴集团开始把目光投向更多领域，也做了很多尝试。淘宝旅行摇身一变成为阿里旅行，从淘宝业务中独立出来；便利移动办公，钉钉成为新的选择；经历两年"新零售"业务研究，盒马鲜生顺利孵化；阿里巴巴文化娱乐集团成功组建，力求促进文娱产业发展；收购饿了么，全力打造本地便民服务平台。

2019 年 11 月 26 日，阿里巴巴集团正式在港交所挂牌上市，是第一个同时在美股和港股两地上市的中国互联网公司。随后，阿里巴巴集团还成为杭州亚运会的官方合作伙伴。2020 年初，上年度中国上市公司 500 强名单出炉，阿里巴巴集团位列第一，总市值高达 39695 亿元。

阿里巴巴的成功，离不开互联网。依托科技的快速发展，阿里巴巴对中国经济的影响也越来越大。首先，作为 2019 年中国市值最高的公司，阿里巴巴在资本角度就意味着是中国最具价值的公司，它所创造的财富和为国家做的贡献无疑是巨大的。其次，阿里巴巴的产业链不仅促进相关行业发展，还催生出新行业，创造出大量的就业机会，为国家减轻了就业压力。最后，阿里巴巴成功改变了中国老百姓的消费习惯，其打造的"双 11"活动刺激消费、拉动内需，促进了经济的发展。

网络经济时代与计划经济时代和市场经济时代有着本质性区别，它依靠互联网让企业与消费者产生更为紧密的关系，加速了经济形态演变的进程。网络经济时代既为企业提供了更为广阔的发展前景，但与此同时企业也要面对来自技术、营销和管理等方方面面的挑战。

◇ 社群经济时代，直播大 V 重磅入局

2019 年是网红直播爆发的一年，2020 年是直播的黄金时期。直播大 V 带货已成为趋势，直播领域已被认为是千亿市场的"新蓝海"。

作为直播大 V 的李佳琦，曾以五分钟卖出 15000 支口红瞬间走红，他也成为名副其实的"口红一哥"。在直播中，他通常会推荐 10 ~ 20 件商品，500~1000 元的高价位化妆品在几分钟内可以卖出 2000~3000 件；50~150 元的低价位化妆品更是供不应求，经常需要厂家几次加货，最终销售量可能高达 5000~80000 件。

我们再来看一组数据。李佳琦每次直播时，同时在线观看人数在

260 万 ~300 万，而广州顶级商场的日人流量约在 5 万 ~9 万，广州一个顶级商场的日人流量仅为一个顶级直播的五十分之一。由此可见，直播大 V 作为社群领袖，他们虽然没有成百上千人的团队，但他们个人的商业价值及创造的利润远超部分上市企业。

直播大 V 的商业价值来自粉丝，他们的粉丝数量庞大，黏性强，并具备较高的忠实度和信任度。换言之，直播大 V 的成功往往与社群经济有着密不可分的关系。就像在李佳琦建立的社群中，他作为 KOL，既要留住现有粉丝，同时也需要吸引新的粉丝，这就需要借助社群这一基础设施，在此基础上嫁接社群电商经济，以扩大自身影响力。在社群电商经济中，直播大 V 的粉丝群体成为可变现群体，形成了庞大的私域流量，成为社群经济中的一部分。

在今天，直播间的主播会详细为消费者介绍并演示每件商品，所以对消费者来说，直播间远比商场更加聚焦。一人直播万人买货的场景，其影响是不可估量的。可以说，社群经济的出现催生了消费新零售，抓住了新消费的风口，开启了一个消费与利润共存的全新时代。

当我们从远古时期的采集狩猎时代、农耕时代进化到工业时代、信息时代；当我们从最初的计划经济时代、市场经济时代演变至网络经济时代和社群经济时代，企业从来不能脱离时代的进程，从来不能落后于经济形态的更迭。唯有顺应时代潮流，紧跟经济形态演进的步伐，企业才不会被碾压在时代的车轮之下。

第二节　从低维到高维，经济形态的演进逻辑

时代浪潮之下，旧的经济形态开始处于低维状态，而新的经济形态正在有序形成。重新梳理经济形态的演进，掌握其逻辑，顺应发展潮流，在变化与危机中寻得生机，这是企业发展始终不变的命题。

此次新冠肺炎疫情的爆发，让我国经济发展被迫按下了暂停键，但这对国内经济发展来说，亦是一次重要的转折点。在停滞与摸索中，企业要及时调整步伐和方向，以有序且坚定的步伐和节奏稳扎稳打，在市场中越挫越勇，先人一步进入高维经济形态，如此才能成为市场中的最终赢家。

◇ 在迷雾中领跑

20万年前，人类以采集和狩猎为生，通过发明工具和群体生活，打败众多天敌，登上食物链顶端。之后，当人们不满足于狩猎时，他们将目光转向了种植，从这时起，采集狩猎的时代落幕，农耕时代缓缓开启。人类让食物来源变得更为稳定和可控，他们在广袤的大地上建立了文明，成立了国家。文化、哲学、宗教和技术相继出现，各个国家之间的贸易网也日见雏形。

当农耕时代的效率已经无法跟上人们的发展思维后，工业时代的到来成为必然。工业时代下的经济、科技突飞猛进，社会生产发生了根本性变化，各个领域都取得了卓越的成就。

当互联网出现后，信息时代逐渐取代了工业时代。传统思维模式被信息技术所颠覆，科学技术被信息技术所催化。信息时代就像是一片肥沃的土壤，让各大领域和行业在短时间内得以迅猛发展。

采集狩猎时代、农耕时代、工业时代、信息时代……每个时代都有着自己的时代魅力，且遵循着不可逆转的发展趋势。时代的发展史是一部从低维向高维发展的纪录史，与之对应，经济的演进逻辑必然也是从低维走向高维，从农业经济走向工业经济，从工业经济走向互联网经济，进而走向更高维度的经济。

立足于当今时代，企业作为推动经济发展的重要主体，只有顺应经济发展趋势，不违背历史发展潮流，才能得到更长远的发展。也就是说，在群雄逐鹿的市场中，每一个企业都要学会"降维打击"。近年来，我们听到这个词的频率越来越高，其使用范围也变得越来越广。降维打击就是将自己升至一个较高的维度，然后再去和对手竞争，这样赢的概率便会高出不少。

在市场的大背景下，企业要先将自己升至一个高维的经济形态中，这样才能掌握更多主动权。那么，从企业发展角度来看，我国的经济形态是如何从低维逐渐发展至高维的呢？

在新中国成立之初，结合实际国情，我国逐步走上了计划经济体制的轨道。计划经济，顾名思义是有规划、计划地发展经济，是高度集中的、实现高效率的社会经济体系。这种经济体制可以避免市场经济发展的盲目性、不确定性等问题给社会经济发展造成的危害。

在这一经济形态中，国有大中型企业建立现代企业制度的改革取得重要进展，大多数国家重点企业进行了公司制改革，企业扭亏增盈成效显著。

进入新世纪，随着社会主义市场经济体制的初步建立和逐渐完善，我国经济发展迅速，朝气蓬勃。计划经济不再适用于我国的经济发展，市场也到了需要改革的重要时刻。

改革开放和"十五"计划出台后，我国积极培育金融市场，发展技术、劳务、信息市场和房地产市场，尽快形成全国统一的、开放的市场体系，同时培育和健全价格机制、利率机制、工资机制、汇率机制、竞争机制等市场机制。在这些体制的完善下，中国的土地成为企业家孕育梦想的绝佳土壤。改革开放几十年来，我国为中小企业的发展创造了更加宽松、更加健全的环境，以此来鼓励和刺激中小企业的发展。

市场经济时代，凭借着廉价的劳动力、丰富的资源、广阔的市场，我国经济取得了长足进步，无数成功企业纷纷崛起。可以说，市场经济为企业的发展提供了良好的市场环境，让企业在时代浪潮中大显身手，彰显了企业顽强的生命力。

✧ 与巨变的时代相依前行

企业间的兴与衰，不断重复上演，经济形态也始终未曾停下它前进的脚步。当走过在迷雾中领跑的计划经济时代，走过尽享改革红利的市场经济时代，企业迎来了新的经济形态——网络经济时代。

网络经济时代，顾名思义便是建立在计算机网络基础上的生产、分配和交换的发展时代。它以信息为基础，以高科技为桥梁，以知识和技术创业为灵魂。对企业而言，网络经济时代正以极快的速度影响着社会经济和人们的生活。

与计划经济时代和市场经济时代相比，网络经济时代具备三大特性。

一是快捷性。在网络经济时代，消除时空差距，打破地域限制，将整个世界紧密联系在一起是其最大的闪光点。如果说在此之前，市场更多注重的是质量，那么在网络经济时代，市场更注重的是速度。可以说，网络经济时代的发展趋势是对市场变化发展高度灵敏的"即时经济"。

二是高渗透性。网络技术的飞速发展使得第一、第二、第三产业之间的界限逐渐模糊，三大产业出现了相互融合的趋势，以用户体验为核心的"第四产业"应运而生。此外，网络经济时代的高渗透性催生了一批新兴产业，如光学电子产业、医疗电子器械产业、航空电子产业等都相继入局市场。

三是自我膨胀性。经过多年发展验证，网络经济时代中通过网络所产生和带来的收益与用户呈指数型增长。而网络用户的飙升，必然会带来巨大的收益。

在网络经济时代中盈利并逐渐壮大的企业多不胜数，京东、淘宝、美团等企业至今仍活跃于市场，其影响之深刻毋庸置疑。但随着物联网和社交媒体的发展，网络经济时代仿佛正从过山车上的顶点不可逆转地逐渐下滑。而那些在网络经济时代获得红利的企业，想要始终保持自身优势，就要先人一步快速迈向下个顶点——社群经济时代。

社群经济时代，是社群成员通过在社群中的连接和互动，建立信任，用互惠互利的方式，共同创造经济价值的发展时代。在此阶段中，原本的市场营销体系正逐渐失效，用户不再完全信任搜索引擎，而是选择加入社群和论坛，与真实的消费者交流，从而找到更好的产品。

在社群经济时代，商品的交易模式从网络经济时代的商品—网络—人演进为人—网络—商品。网络始终是一个起着连接作用的桥梁，但是连接的两端发生了根本性变化，商品的生产不再是盲目的、批量的，它在社群经济时代成为定制的、独特的存在。企业可以根据人们的需要来进行生产，无须犹如之前那般花费大量金钱和精力来进行营销，最终实现盈利。

对企业而言，众多消费者对社群经济的依赖渐深，传统营销方式早已式微。如今异常火爆的"直播带货"模式正是社群经济的重要表现形式。以李佳琦、薇娅为代表的大 V 主播创造出了令人惊叹的业绩，甚至超过了一些上市企业。可以说，众多成功企业和消费者都将社群视为更全面、更值得信任和更多元化的绝佳工具。

消费新零售的出现，更是将社群经济推上了新的台阶，通过全面建立人与人之间的信任，形成共商、共享、共赢、共生的价值观，使社群经济迈进人与人之间自由联合的高级阶段。

瞬息万变的市场令太多鲜活的企业被动成为市场这个运作不息的大机器车轮下的残渣，日复一日，总有企业难逃此命运。所以，企业要顺应时代潮流，而非逆势而行，否则只会在市场中销声匿迹。

第三节　消费不断升级，下一个风口在哪里

　　随着人们收入水平的增加和科技创新带来消费推动力，我国正迎来一个消费全面升级的新时代。如今，我国的消费群体越来越趋于理性，买什么、在哪儿买、怎么买等都成为消费者消费时的考虑重点。

　　消费不断升级，消费者的需求不断变化，这对企业也提出了更高的要求。新时代就要有新作为，新战场就要采取新战术。新消费时代，企业必须抓住风口，及时调整经营策略，将自己调整到最佳状态，如此才能更好地应对市场中的变化，从而持续生存、不断发展。

　　正如达尔文在《物种起源》中所说："存活下来的物种，不是那些最强壮的种群，也不是那些智力最高的种群，而是那些对变化做出最积极反应的物种。"

◇ 行业洗牌，旧零售丧钟为谁而鸣？

　　近年来，传统零售行业的丧钟不断被敲响，很多零售企业在夹缝中艰难生存，零售行业正在面临大洗牌。究其原因，一个因素是随着互联网的

迅速普及，传统零售方式逐渐显露出弊端，如房租成本高、线下流量小、获客成本大、供应链僵化等。

此外，另一个重要原因是，传统零售业受到了阿里巴巴、京东、亚马逊等电子商务帝国的冲击。经过与电商企业十余年的对峙，传统零售企业最终不敌对手，败下阵来。

那么，电商企业作为胜利的一方，其发展又如何呢？过去十余年，电商企业在不断抢食实体零售企业的蛋糕。但火爆几年之后，电商企业开始碰触发展的天花板，增速大大放缓，流量红利也逐渐消失。可以说，这场曾经轰轰烈烈的电商革命已经渐渐接近尾声。

从街边小店到百货商店，从大卖场到大型商超，从电商到微商，从网红经济到直播带货，很多红极一时的企业都渐渐淡出了消费者的视野。无论是实体零售企业，还是电商企业，都面临着巨大的生存压力。

在变幻莫测的市场中，闭店潮、零售战争、现金流断裂等不断上演，而新冠肺炎疫情的出现对传统零售企业来说更是雪上加霜。传统零售业未来的发展出路在哪里？

竞争的本质是效率。随着时代的发展进步，消费的不断升级，实体零售企业和电商企业固有的发展模式已经无法适应时代发展的需要。当下，零售行业正面临大洗牌，企业唯有积极转型，进行商业模式创新，才能重新获得成长的空间。

时代发展太快，企业若不积极做出改变，只是一味地维持现状，最终必定会慢慢走向死亡。传统零售行业的丧钟已经被敲响，每一个企业的倒下对整个行业来说都是一次警示。企业应当积极从警示中寻找新的行业风口，如此才能获得生存和发展。

✧ 消费升级，零售业"第二春"如何引爆？

这是一个消费者掌握主动权的时代，话语权正逐渐从零售企业转向消费者，消费信息也越来越对称。新消费浪潮下，消费者的消费行为出现了显著的变化。具体来说，主要体现在以下三个方面。

一是线上线下结合购物。如今，线上与线下逐渐融合，形成了一种平衡。消费者追求线下的真实体验，同时也享受着线上购物带来的便利。

二是购物社交化。近年来，随着社交软件、社群组织、各种兴趣圈的兴起，消费社交化现象越来越普遍。当下，年轻一代的消费者作为线上社交的活跃群体，购买产品不再单单是为了满足基本的日常需求，而是将购物作为社交、分享、交流的一种手段。

三是体验至上。目前，我国消费者正在从商品消费逐渐转向体验消费。在大多数消费者看来，自己在消费时购买的不仅仅是一种商品，更是一种服务体验。消费者不再只是关注产品本身，而是更加注重消费体验的全过程，比如他们往往会关注消费前的产品信息，消费中的服务体验，以及消费后的售后服务。

我国的消费者正在向"智能消费""体验消费""个性化消费"迈进。消费升级和数字化变革将成为大势所趋。在此背景下，实体零售企业和电商企业若不积极进行转型升级，势必会被消费者所抛弃，最终淹没在时代的洪流中。

如今，前两次零售革命已经接近尾声，取而代之的是第三次零售革命——新零售。

新零售以消费者体验为核心，具备强烈的社交属性，这与年轻人爱社交、爱分享、爱交流的性格特征产生了深度的契合。新零售通过重构人、货、场，使产品、消费者、场景三者实现了高度的融合。

总的来说，相较于传统零售生产什么就销售什么，新零售则是从消费者需求入手，消费者需要什么就生产什么。很显然，新零售模式更符合当下消费群体的消费需求。

2016 年 10 月，马云在一场著名的演讲中提出："纯电商时代很快会结束，未来的十年、二十年，没有电子商务这一说，只有新零售这一说，也就是说线上线下和物流必须结合在一起，才能诞生真正的新零售。"这为零售企业转型升级提供了一个清晰的方向和思路。

新零售时代，企业除了加快线上与线下的融合，还可以通过构建社群来拓宽获客渠道，从而引爆新零售。此外，企业还可以着重打造完美的品牌体验感，无论线上还是线下，确保都能够满足消费者的体验需求。

"沿着旧地图，找不到新大陆。"新零售的产业版图已经初现，未来还会催生出更加高级的零售模式。随着第三次零售革命浪潮的兴起，无论是实体零售企业，还是电商企业，都需要重新调整自己的经营战略，重塑自己的商业模式，迅速行动，主动出击，为企业发展谋求新的出路。

第四节 2020 年，线下消费再次遭遇重创

2019 年年底，新冠肺炎疫情突如其来，打破了人们原本平静的生活，使整个社会都陷入了恐慌之中。疫情之下，本就寒冷的冬天变得更加寒冷，原本热闹的春节一下子黯然失色，原本繁华喧闹的城市变得静悄悄。

肆虐的疫情对人类社会造成了极大的危害，同时对中国经济也造成了严重的影响。2020 年，新冠肺炎疫情进一步蔓延，严重影响到我国企业的正常经营，造成大量企业停工停产，零售企业关门闭店，原本活跃的经济被按下了暂停键，给我国经济发展、企业经营带来了巨大的冲击。

疫情之下，我国线下企业的出路在哪里？

✧ 疫情袭来，生存还是毁灭？

2020 年，新冠肺炎疫情在全球肆虐，何时能够被完全消灭尚未可知。此次疫情对我国经济造成了很大的负面影响，对每个企业来说都是一个巨大的考验。

"隔离经济"时代，线下行业首当其冲，成为受疫情冲击的"重灾

区"。疫情期间，众多企业关门闭店，与消费者失去了最直接的联系渠道。无论是服装零售、电影、娱乐，还是商超、旅游、酒店、餐饮，很多企业营收都出现了不同程度的下滑。

以餐饮行业为例。西贝餐饮集团（以下简称"西贝"）董事长贾国龙在疫情暴发后曾表示：受疫情影响，西贝面临十分严峻的危机，账上现金流扛不过 3 个月。目前，西贝在全国数十个城市共拥有 400 多家门店，2 万多名员工。然而，在疫情期间，西贝的线下门店基本都已停业。虽然仍有部分外卖门店开放，但贾国龙称外卖营收占比太小，并不足以支撑企业运营。

此外，按照国家政策要求，西贝停业期间仍需要为 2 万多名员工支付工资，仅一个月的工资成本就高达上亿元。若疫情在短期内没有得到有效控制，西贝的现金流压力将长达三四个月，甚至更久。即使贷款发工资，最多也只能维持三个月。

疫情中后期将是企业风险井喷期。据大数据分析，2020 年 1~4 月，有 5328 家影视公司破产；12000 多家教育培训机构倒闭；11000 家旅游企业倒闭；50000 多家小餐馆关门闭店；7.8 亿人负债……

面对气势汹汹的疫情，中国线下行业可以说承受着巨大的经营压力，损失惨重。具体来说，疫情对线下行业的负面影响主要体现在以下四个方面。

一是营业收入锐减。随着疫情的爆发，消费者闭门不出，对一些非生活必需品的消费需求大幅降低，线下消费疲软导致线下零售企业营收大幅下滑，难以维持企业的正常运营。

二是运营成本倍增。疫情期间，交通不便，导致企业物流成本上升；员工无法正常到岗，导致企业用工成本增加；产品积压，导致企业存贮成本上升。可以说，疫情给企业带来的成本压力是全方位的，对企业运营产生了非常不利的影响。

三是进货渠道受阻。随着疫情的蔓延，大量企业停工停产，上游企业无法正常复工复产，快递全面停运，交通管制加严，导致线下零售企业难以正常进货，从而无法满足消费者的日常需求，也难以维持企业的正常运营。

四是销售渠道受阻。即使有些零售企业想方设法通过一些渠道获取了部分商品，但因为疫情管控，大家闭门不出，企业也很难将产品顺利销售出去。

疫情之下，线下消费遭遇重创，线下企业举步维艰，甚至还有一些企业因受到疫情的冲击而不堪重负，纷纷倒下。当前，企业面对的不确定性因素太多，谁都无法精准预测疫情走向和结束时间。那么，面对危机，企业如何做才能转危为安？

✧ "疫"考之后，如何变"危"为"机"？

市场中总是充满着各种各样的危机和挑战。尤其在当下的环境中，疫情的出现给企业带来了一场无情的"大考"。企业若不能交上一份完美的答卷，很可能就会被时代的洪流淹没。

危机，可以说是一个让企业"闻风丧胆"的词。但危机绝不是一片"死海"，而是孕育着生的希望。危机往往伴随着机遇，每一次危机都会有企业倒下，同时也一定会有企业涅槃重生，这是历史的铁律。

"疫"考之后，我们伤心地看到很多企业因为没有能力抵御病毒的"侵蚀"而走向死亡，同时我们也一定能够看到一些企业通过积极采取应对措施，不断进行商业模式升级，最终获得新发展。

面对危机，企业无须过多恐慌，而是要保持理性，紧跟国家政策，采取有效的应对措施。那么，现阶段企业可以采取哪些有效措施帮助自己度过这场危机呢？

一是重新树立信心。疫情虽然不会在短期内马上结束，但其影响力会越来越弱。随着社会的正常运转，生产秩序的逐步恢复，经济形势必定会大为好转。疫情终将被战胜，企业一定要树立信心，坚定发展信念，主动采取科学应对措施，通过主动作为实现自己的经营目标。

二是及时调整经营策略。面对疫情，企业必须主动调整经营策略和方针，最大程度地激发自己的发展潜力。具体来说，企业可以主动寻求改变，重构产业链条；升级营销模式，深挖销售潜力；调整营销计划，做好整体规划。

三是积极拓展线上业务。疫情对线下零售企业造成了极大的冲击，但危机往往伴随着机遇。疫情期间，线上零售业务得到了较快的发展。线上购物、线上教育、远程办公、在线医疗、线上问诊等各类线上业务不断涌现，催生出"线上经济"。线下零售企业可以积极向线上转型，寻求破局之道。

四是进行技术革新。疫情防控期间，人与人之间需要一定的安全距离。在此背景下，无人零售、无人超市、无人配送、无人药房等包含新技术手段的新零售业态发展逐渐成熟，越来越受到大众的关注，并在未来有爆发的可能。要想走出困境，企业必须进行技术革新，加强技术应用，优化供应链管理，促进消费业态再升级。

五是构建社群生态。疫情导致复工复产延期，使人们的出行受阻，因此大量用户具备充足的闲暇时间。一些线下企业可以主动构建社群生态，积极布局社群营销渠道，用社群营销代替高密度接触。通过社群运营，企业可以用最低的成本从线上获客，并最终实现价值转化。

在这场疫情中，没有一家企业能够独善其身。在变幻莫测的市场中，要想突破困局，每一位创业者都要具备独立思考的能力，还要练就一双慧眼，善于从危机中寻找生机，如此才能掌握市场主动权，获得生存和发展的机会。

企业要坚信，中国经济长期向好的趋势不会改变。当前，企业最紧迫的任务就是积极寻求新的商业模式，拓展发展空间，夯实生存基础，灵活调整经营计划，采取最有效的措施将疫情带来的影响降到最低。随着全国疫情防控形势逐渐向好，零售行业必将迎来新一轮的大发展。

第五节　技术推动下的新零售

从某种意义上来说，人类发展史就是一部科技发展史。科学技术始终是推动经济和社会发展的核心力量。从产业发展来看，过去几次科技革命与产业革命都释放出了巨大的能量，掀起了一波又一波的行业变革。如今随着新一轮科技革命浪潮的袭来，与经济活动相关的各个环节都将得以重构，并催生出一系列新产品、新技术与新产业。

新零售便是随着科学技术的发展应运而生的。所谓"新零售"，其实质就是"新技术＋零售"。当前，很多传统零售企业正在积极布局新零售，并加强各种技术的融合应用，以谋求快速发展。

❖ 新技术赋能新零售

在科技发展日新月异的今天，以互联网、大数据、云计算、物联网、区块链、人工智能、5G等为代表的现代信息技术呈现出蓬勃发展的态势。可以肯定，新一轮的科技浪潮将对经济发展、产业变革、零售升级、消费升级等各个方面都产生重大而深远的影响。

当前，整个行业都正处于"大变革"时期，技术是主要驱动工具。于零售行业而言，科学技术正在以前所未有的广度和深度加快推进零售模式和消费方式的深刻变革，这给传统零售行业带来了颠覆性和革命性的影响。

当出现颠覆性创新的时候，不进行技术革命，传统零售企业必会因科技创新能力不足而止步不前。为了不被市场淘汰，很多传统零售企业开始积极探索各种技术的应用场景，加速推动新零售智能化进程。例如，天猫通过运用大数据，能够准确分析出消费者的真实需求，并将数据准确投射到生产环节，从而生产出真正符合消费者需求的个性化、差异化的产品。

此外，相较于传统零售企业，新零售企业更重视技术驱动下的用户体验。一些新零售企业在进行商业模式的重构时，往往会以满足消费者的需求为基点，积极运用新技术和新工具，如运用声音、影像、VR 技术等多种方式，提升用户体验，形成良好的口碑，从而提高用户黏度和忠诚度。

科学技术时代，如何更好地发挥技术在零售中的重要作用，让技术更好地同生产、分配、交换、消费等各个环节结合起来，不断提升效率，不断打磨产品，满足社会需求，成为新零售企业未来十年发展的战略方向。

如今，随着新零售与新技术的不断融合，无人超市、无人药店、刷脸支付、电子价签、智能配送、虚拟试衣间等新业态不断涌现。可以说，以技术为核心驱动的新零售，极大地改变了人们的生活方式和消费方式，使人们的生活越来越便捷，消费越来越简单。

5G 时代即将到来，未来工业互联网将会得到更大程度的发展，同时会催生出更多先进的技术。当下一轮科技革命浪潮袭来时，"新零售"必然也需要不断升级才能适应社会发展。我们相信，随着科学技术的不断进步，从新零售到消费新零售将成为大势所趋。

✧ "新基建"，为新零售按下 "加速键"

2020 年 5 月 22 日，国务院在发布的《政府工作报告》中首次提出了新型基础设施建设（以下简称 "新基建"）的概念。报告指出："要加强新型基础设施建设，发展新一代信息网络，拓展 5G 应用，建设数据中心，增加充电桩换电站等设施，推广新能源汽车，激发新消费需求、助力产业升级。"

随着 2020 年全国 "两会" 如火如荼地进行，在新基建方面，全国政协委员、百度董事长李彦宏也提交了一份 "构建人工智能新型基础设施，勾画智能经济发展蓝图" 的提案。

"新基建" 无疑将会成为 2020 年的年度热词之一。"新基建" 主要包括 5G 基站建设、特高压、城际高速铁路和城市轨道交通、新能源汽车充电桩、大数据中心、人工智能、工业互联网七大领域。相比传统基建，"新基建" 可以说是科技感满满。它以技术创新为驱动、以信息网络为基础，为中国实现高质量发展提供数字转型、智能升级、融合创新等服务。

随着国家 "新基建" 政策的提出，"新基建" 将引发新一轮的技术和产业变革，以技术为依托的智能经济将成为大势所趋。例如，疫情期间，在线教育、直播带货、远程办公等新业态不断涌现，保证了经济和生活的平稳运行。

那么，对于零售企业而言，"新基建" 究竟是如何发挥作用，帮助零售企业走出疫情阴影的呢？

一方面，"新基建" 助力企业打造智能供应链。智能供应链是零售企业的 "高速路网"，是零售企业实现快速发展的基础。通过进行物流技术升级和数字化基础设施搭建，零售企业能够实现整个供应链的智能化配送，确保消费者整个消费过程畅通无阻。

另一方面，"新基建"助力企业搭建场景互联网。场景互联网是零售行业抢占市场的超级入口。"新基建"帮助企业全面构建人、货、场大数据中心，通过建设互联网模式的门店，使产品或服务能够随时交到消费者手中，最大限度地满足消费者对时间即时性的需求。

当然，"新基建"真正的价值远不止于此，它将开启一个新技术时代。可以说，"新基建"是疫情后经济恢复的"强心剂"，为企业发展和人们生活提供了极大的便利。未来，随着"新基建"的全面建设，必将会为零售企业的数字化转型和智能升级按下加速键。

第二章
新零售蓬勃发展背后的危机

在瞬息万变的市场中，很多企业都看到了一个谁也不愿意承认的事实：在零售业蓬勃发展的背后，蕴藏着一场随时都可能爆发的危机。同时，这也意味着市场中的一些企业将会面临被淘汰的命运。

如今，是巨变的尖峰时刻，旧规则即将被改变，新价值即将诞生。在滚滚而来的时代浪潮中，企业在面对巨大的流量和利益时，该如何抉择，该何去何从？哪些改变可以帮助企业快速发展，哪些又会让企业陷入泥沼之中？

第一节　流量红利还能持续多久

随着大数据、人工智能、云计算和区块链等新兴技术的不断发展，科技给整个市场带来了更多的可能性，但同时也带来了更大的挑战。无论是从精准获客方面还是用户体验方面，市场已经发生了质的改变。

随着消费的不断升级，中国迈入"新零售"时代，市场开始了新一轮的竞争。传统电商优势日渐式微，那些曾经被企业认为是"救命稻草"的流量红利正逐渐消失。站在时代变革的十字路口，企业又该如何继续发展？

◇ 流量红利的沸点

如果你想开一家咖啡店，你是会选择开在每天只有四五个人路过的街道，还是选择人流密集的区域呢？答案是显而易见的，后者才是最佳的选择。因为后者有更大的人流量，也就意味着被消费者发现和消费的概率大大提升。

企业在进行商业布局时往往要考虑流量因素。如今，流量红利凸显，成为企业发展的重要助力，帮助企业快速打开市场。流量红利可以让企业快速实现流量变现，各大电商平台蜂拥崛起，也正是源于流量红利的强力助推，流量红利已经成为众多企业发展的核心与关键。

纵观流量市场发展史，我们可以将互联网带来的流量红利分为五个阶段：第一个阶段是 2006 年到 2008 年的百度流量红利；第二个阶段是 2008 年到 2010 年的搜索引擎流量红利；第三个阶段是 2010 年到 2012 年的淘宝流量红利；第四个阶段是 2013 年到 2015 年的微博流量红利；第五个阶段是 2015 年至今的微商和社交电商流量红利。

在流量市场的发展史中，各个阶段都有流量红利，不同的阶段和模式却有着相同的目标——将流量变现。无论在哪个阶段，流量红利都是每个企业疯狂追逐的目标。其实，流量红利的本质是消费者的时间，用另一种说法就是消费者数量 × 其所用时间。消费者数量越多，停留的时间越长，企业获得的总流量便越多，进而将这些流量进行变现，获得更多收益。

在流量红利初期，企业的营收可以说是呈爆炸式和裂变式增长，但随着商业模式的不断改变，获客成本的不断攀升，流量红利也正在消失，此时的企业又该如何选择呢？

◇ 流量红利消失，未来的机遇在哪？

流量红利在初期为企业带来诸多利好，这些利好也"砰"地一下点燃了流量市场的整个生态。经过近几年的疯狂发展之后，原本势如破竹的流量红利仿佛正逐渐失去原本的吸引力。

一方面，根据艾瑞咨询《2019 年 Q2 中国互联网流量分析报告》：在 PC 互联网方面，2019 年 6 月用户规模达 5.02 亿，同比减少 2.5%；在移动互联网方面，人均单日上网时长达 3.6 小时，虽取得新高，但增速放缓，占有用户时间的天花板逐渐显露。简言之，企业可以得到的用户时间越来越少。

另一方面，市场研究机构、全球信息提供商 IHS Markit 发布的一份全球广告趋势报告指出，在我国，虽然网络广告不断增长，但广告的点击率和转化率却在不断下滑。从主流媒体到细分媒体、垂直媒体、KOL，企业的投放成本也在大幅提升。

在这两大因素下，流量红利式微已经成为不争的事实。成本攀升，竞品繁杂、渠道疲软，是当下所有企业正在面临的困境，无论是烧钱补贴，还是下沉降维，本质上都是在寻找新的商业模式，以突破当下困局。

流量红利在见证了市场的繁华之后迅速见顶，那些还停留在流量为王思维的企业势必要被淘汰。如今，企业如果还不思考如何突破和变革，流量红利就无法帮助企业实现长期盈利。企业必须要正确认识到，单纯靠广告和推广来获取流量、提升销量的时代已经结束了。

在流量红利逐渐消失的 2020 年，企业若想生存，就需要具备三个特质：第一，通过吸粉、锁粉的 APP 实现裂变增量，从而获得更多的消费者；第二，打造统一的信息流和智能 CRM（客户关系管理系统），让企业管理更高效，为精细化运营和产品升级提供支持；第三，提升招商成功率、销售转化率、会员满意度、团队凝聚力、品牌知名度和用户忠诚度，增强企业的核心竞争力。

站在一个新的发展起点，企业需要一个全新的商业模式来实现增长，而消费新零售无疑是一个极佳的选择。消费新零售这一全新的商业模式，能够创造新价值，促进消费业态再升级，使企业在变局下实现持续发展，最终实现飞跃式发展。

第二节 "割韭菜"只有一茬，传统微商势必衰落

　　"很荣幸加入这个大家庭……"，你的朋友圈是不是也常常出现这样的开头？越来越多的人加入微商行列，似乎朋友圈的每一个人都在销售着什么，久而久之，你屏蔽的人也越来越多……微商如何生存？

　　微商基于移动互联网迅速走红后，曾经一度成为爆红的新零售模式。然而，现如今微商早已不再新鲜，你只需打开自己的朋友圈随手一划，便会看见很多人都是微商，甚至不同的朋友卖的是同样的产品。这一现象让我们明白传统微商的竞争十分激烈，卖货不再是轻而易举的事情。

✧ 传统微商"割"谁的韭菜

　　朋友圈里的消费需求有限，传统微商的优势已然不再。此外，微商频频出现假货风波，导致消费者对其失去了信任。尽管法律法规逐渐完善，但微商数量十分庞大，难以管控；尽管消费者努力辨别，但仍然不能完全保证购买到的产品质量合格。

　　传统微商与消费者之间大多数只隔着网络，一旦出现产品售后问题，

消费者很难维权。这就造成了大部分的传统微商，只能"割"消费者的一茬韭菜，回购率直线下降。

用相同的朋友圈文案，发同样的产品图片，使消费者对传统微商逐渐失去信任与耐心。传统微商的套路在现在看来十分浅显，用类似的头像，暴力刷屏，狂晒单，甚至群发产品广告。这样的做法显得十分机械化，对于消费者而言是没有什么效用的。比起微商的广告，他们更愿意选择朋友推荐的产品。

机械化地发布广告，会逐渐让消费者失去耐心，甚至将这个微商屏蔽或者删除。长此以往，看似消费者的数量十分庞大，殊不知你早已被屏蔽在外。

传统微商发展到后来究竟"割"了谁的韭菜？为什么你朋友圈的微商越来越多？

微商泛泛化的原因显而易见，一是准入门槛低，二是无营销成本。此外，还有一个重要原因是，大家认为微商好赚钱，收入高。

有钱大家一起赚，于是找上门的便不再是消费者，而是越来越多的微商，即代理。各式各样的"年入百万不是梦、下一个富豪就是你"的营销口号就来了。真正的消费者不得不屏蔽一个又一个的微商。韭菜割到最后，割到了微商自己。

传统微商的代理越来越多，人人都可以收代理，一层压一层，层层压价，产品质量还能保证吗？这样的发展无疑是自我消耗，杀敌八百，自损一千。

◇ 传统微商落寞的背后，你要看到什么？

传统微商以高姿态出现，现如今已经陷入停滞不前的状态，这是大家有目共睹的。旁观者或许唏嘘一下就过去了，而作为与消费者打交道或者创业的人来说，只看看笑话是什么也学不到的。传统微商落寞，你要看到更多背后的东西。

什么是压垮传统微商的最后一根稻草？究其根本，微商靠的是朋友圈营销，面对的消费者首先是认识的人，即朋友。朋友之间，信任是根本。基于信任，他选择你的产品，而传统微商打破了这种最根本的信任关系，为了赚钱而赚钱，透支信任，失去消费者是必然趋势。

传统微商落寞的背后，创业者需要从中看见三个至关重要的理念。

第一，建立起信任桥梁，从心出发。市场之大，产品之多，越来越多的消费者更愿意看到自己获得了什么，而不是商家说了什么。信任的建立需要用心维护，不切实际只会换来泡沫，因而，建立信任是现在也是未来任何消费的前提。

有了信任机制，带来的效益是长远而稳定的。回头客永远不会过时，任何商家都渴望拥有更多的回头客。信任机制会在商家和消费者之间形成一个良性的循环，促使商家不断向前发展。

第二，产品质量过硬是赢得消费者的关键。庞大的市场之中有太多粗制滥造的产品出现，换来的只能是消费者拒绝二次购买。生产者要想做大做强，一定不能本末倒置，消费者与商家之间最关键的联系就是产品，产品的好坏决定二者的关系强度。赢得消费者，不能忽略产品质量。

第三，拒绝模式化，将消费变得与众不同。优质产品摆在那就会有人来买的时代早已过去，如今消费者拒绝模式化的营销，需要的是个性化的产品和服务。谁先抓住消费者的真正需求，谁就优先获得机会。模式化的服务容易使消费者产生疲惫感，个性化的定制才是现在消费者最需要的服务。

传统微商落寞的背后，势必有一场新消费模式的狂欢。抓住5G新机遇，用最先进的科技与个性化的定制服务消费者，这正是未来新零售的发展趋势，也是每一个生产者与创业者的新机会。

第三节 "变味"的直销，隐藏的危机

市场见证了直销行业的辉煌与没落，也见证了无数直销企业的崛起和衰落，在不断的迭代和发展中重复勾勒着直销的生命曲线。在这个时代，有多少企业曾认为直销可以使销售业绩突飞猛进，带来源源不断的现金流，正是这巨大利益的诱惑让直销逐渐"变味"，让诸多直销企业从巅峰直接跌入谷底。

面对逐渐"变味"的直销，"去直销化"成为直销行业转型的重要节点，也昭示着"变味"的直销正摇摇欲坠。

✧ 直销是神话还是陷阱

在传统的产品分销模式中，产品往往要经过诸多中间流通环节——从工厂到代理商，再由经销商到商场和店铺，这些繁复的中间环节在一定程度上影响着产品价格，但直销则解决了环节越多价格越高的问题。

此时，我们可以回望直销在我国的发展。最初的直销是一种极为简单的模式。周末的时候，邀请几个好友到家里，一起分享好用的高质量产品，并在聊天过程中分享好的事业机会，最终在分享的过程中完成产品的推销。换言之，直销就是生产商去掉中间商，减少流通环节，实现利润最大化的高效率营销模式。

但随着部分企业的不规范发展，直销逐渐脱离了其本质。一些企业将直销作为谋取巨大利益的平台，生产粗制滥造的商品，不断提升产品价格，直销人员很难将产品推销出去，这让直销人员丧失了推销的动力。同时，直销企业频繁改变直销人员的高额奖金制度，奖金制度更像是为了鼓励推荐人员而设立的，而非为了鼓励销售产品。

这些因素直接导致国内直销独具的裂变效应被进行非法利用，将直销扭曲为只有概念产品甚至是没有产品，完全靠直销人员拉人头收取入门费。此时，只有处于最高层的人员是受益者，其他的直销人员都是受害者。这时，直销已经变味，走进了传销的歧路。

而当企业纷纷涌入直销行业的时候，他们眼中看到的只有直销行业内与日俱增的销售人员，突飞猛进的销售业绩，源源不断的现金流。无论这些企业的出发点是什么，他们并未发觉直销正逐渐"变味"。

渐渐地，曾经那些耳熟能详的直销企业销声匿迹，它们的名字不再被人们提起，它们的产品也被置于一个落灰的角落里。近年来，直销行业频频爆出的负面消息，将一些直销企业的不规范操作直接暴露在大众面前，直销人员的夸张宣传也加深了消费者对直销的质疑。那么，面对行业困境，一些直销企业该何去何从呢？

◇"去直销化"究竟是什么

当"变味"的直销弥漫在市场，市场表面风平浪静，但实际上已经暗潮汹涌。负面消息频频被爆后，直销瞬间成为众矢之的，人们不再相信直销，其公众形象一落千丈。

此后，直销行业瞬间进入寒冬，直销企业只能在市场中艰难探索和生存，众多消费者也"谈直销色变"。很多直销企业在进行宣传的时候都会强调自己从事的是健康产业，有意避过直销的字眼和属性。但即使如此，国内直销行业依然陷入长期步履维艰的状态，直销似乎再难抵挡监管部门、消费者和媒体多方的压力。

在多方压力下，诸多企业偃旗息鼓，开始提倡"去直销化"，并选择用"新零售"和"社交电商"来取代直销。但是，"去直销化"绝不是对直销行业的直接否定，它是一种全面的革新。诸多负面事件为直销行业蒙上了一层难以擦去的阴影，也造成了消费者对其深深的误解，"去直销化"的提出就是为了让消费者全方位、深层次地重新认识直销。

简单来说，"去直销化"并不是彻底摒弃直销，而是让多数直销企业回归到直销的本质。毕竟直销是市场经济发展的产物，是各种零售业发展的产物，也是企业文化和商业模式不断创新和发展的产物。可以说直销是市场多元化、个性化需要所带来的必然结果。

在短期内，"去直销化"会对直销行业产生诸多不利影响，但从长远的角度来看，"去直销化"可以逐渐改变公众对直销的偏见，也有利于市场的长远规范发展。同时，"去直销化"的出现可以让直销企业开始以正确的态度和思维对待直销，意识到产品和服务的重要性，重视消费者的真实需求。

从直销的历史中我们可以发现，直销在任何一个国家都要经历萌芽、发展、杂乱、整治、再发展和成熟六个阶段。直销在市场中是具有生命力的，它有着独属于自己的特点和优势，但同时，直销的缺点也很容易给人一种误导，容易被不法分子利用。所以，我们绝不能因噎废食，而是要遵守国家的制度和法规，将其作为直销行业的标准，从而实现"去直销化"，助力企业在市场的持续健康发展。

2020年的市场，注定与之前不同，"去直销化"企业要紧跟时代发展，将"去直销化"与消费新零售相结合，从而做好线上线下的服务，最终促进直销行业的整体发展。

第三章
不破不立，新零售的重启

新零售蓬勃发展的背后隐藏着危机，新消费不断崛起，新消费人群逐渐迁移，消费圈层化愈发明显。市场正在重构人、货、场，一种全新的消费模式——消费新零售正在悄然改变着时代。不破不立，消费新零售的大幕已经开启，它在5G的加持下，加深社群交互，构建消费新形态，创造着巨大价值。

第一节　消费新零售大幕开启

"姐妹们可以看一下，这件衣服的做工，这是今年很流行的款式与颜色……"小张正在进行一场直播，向镜头前的观众展示着身上的衣服。小张是一位个体服装户，2020 年初，一场突如其来的疫情席卷了全球，各个行业受到重创，市场低迷，尤其是个体户更是遭遇寒冬。小张无奈之下，只好开启直播卖货模式，以降低自己的损失。

疫情来袭，给世界带来了灾难，严重影响了人们正常的生活，居家的人们无法再像往常一样出门逛街购物，消费的本能驱使着人们探索新的购物渠道。人们新消费需求的爆发让一些企业窥探到商业发展的新趋势，看到了未来新型消费的全新方向。一时间，线上直播带货等零售模式成为一种热潮，无接触配送、直播零售等消费新模式、新方式快速发展，进一步使得买、卖、配送形式都发生了质的改变。

◇ 危机中的新生

疫情，为人们带来了"危"，但也催生了"机"，人们的习惯性消费方式正在发生改变，以线上购物为代表的新型消费模式展现出强大的生命力。

商务部原副部长、中国国际经济交流中心副理事长魏建国认为："如果利用这次疫情，来一场'新型消费革命'，中国不仅能够解决新冠肺炎疫情所带来的困难和挑战，还能促使中国提升消费能力，最终会引领全球消费市场革命。"2020年，《政府工作报告》同样表明：电商网购、在线服务等新业态在抗疫中发挥了重要作用，要继续出台支持政策，全面推进"互联网＋"，打造数字经济新优势。

过去三年，新零售模式得到人们的广泛关注，一度掀起一场新型变革，但如今，中国正在进入新消费时代，消费升级的背后是中国新消费的崛起。消费升级推动新需求，新需求衍生新模式，而这场革命的核心是消费者，消费者是一切变动的主导力量。此外，消费人群的变迁也是消费环境与消费行业发生改变的驱动因素。现如今，90后、95后消费群体崛起，他们的消费意识、价值观、消费行为等使得商品的供给方式、营销手段、营销渠道等快速升级换代。

新人群、新消费场景、新消费模式、新消费路径无一不在宣示着新风口的形成。在新消费时代，商业模式与商业价值需要从全新角度思考，在这特殊的境况下，一种新型消费模式——消费新零售悄然出现，它抓住了新消费的风口，以消费人群的需求与行为为着力点，开启了一个消费与利润共存的全新时代。

◇ 消费新零售，未来已来

消费新零售是一种全新的商业模式，其本质是以消费为导向、以产品为生命的终极商业分润模型。它是一种满足新时代新趋势下消费者需求的线上消费购物的生活方式；是一种全新的实现商业营销价值服务所产生的商业利润的分配机制；是一种通过与时俱进、不断创新的营销工具创造的消费者五感体验的线上线下有机结合的消费场景；是一种通过服务来创造价值，最终实现人们自我需求的新途径。

消费新零售可以增强平台和消费者之间的互动黏性，让所有消费者在消费的同时，还可以有一个终身经营的创业事业，从而使消费者借此创造更大的社会价值和意义。消费新零售具有轻资产、轻社群、轻运营的特点，从商业业态上去看，消费新零售做到了三大突破。

第一，从商品经济、市场经济转向社群经济消费平台的突破。

商品经济、市场经济可以说非常成功，但从当前的消费场景来看，人们逐渐向圈层化靠近，未来的趋势是社群经济，著名财经作家吴晓波先生曾不止一次在演讲中提到，未来，不谈社群将无商可谈。现在网络直播中著名的李佳琦、薇娅，便是社群经济发展中崛起的人物，他们是社群的领袖，团队虽小，但创造的价值很大，他们个人的商业价值和创造的实际利润远超部分上市企业。

第二，从服务客户的一次性价值转向服务客户终身消费价值的突破。

如今，消费新零售不仅是一种消费社交模式，而且是正在建设全生命周期的无线连接系统。它意在为客户提供终身的消费价值，让客户既是分享者又是享受者。

第三，从经营产品转向服务客户的体验感、荣誉感、价值感、责任感、使命感的突破。

消费新零售可以让社群有超前的服务意识，想别人之所想，做别人所不能做，积极应对市场变化，向各位社群会员及社群领袖提供各种资源和先进科技，为其事业进行赋能。

有一个热词叫"私域流量变现"，指出流量池、IP价值才是一个人的可持续发展资源，它比现金流都重要。消费新零售模式便是以构建社群为基点，让社群领袖和社群会员都能够在这一生态环境下，互惠互利，共商共赢，打造粉丝会员化、会员社群化、社群圈层化的命运共同体，最终实现从公域流量到私域流量，再到私域流量变现。

　　大破才有大立，商业的业态逻辑早已发生转移，紧握旧地图永远找不到新大陆。新消费的核心驱动力就是创新，新消费深刻重构了人、货、场，推动了商业数字化变革。在如今信息传递越发透明的时代，社交技术可以让销售更加立体化，一个全新的消费脉络正在展开，消费新零售的大幕缓缓开启。它创造出一个更加多元、有深度的商业逻辑，为消费者搭建了一个命运共同体的生态磁场，一个更加有生机与活力，更加具有颠覆性的时代正在来临。

第二节　加强社群深交互，构建消费新形态

随着消费不断升级，消费者从被动消费转向主动参与到整个消费过程当中。从消费之前的沟通交流，到消费时的支付，再到消费之后的评价，消费者都全程参与其中，形成一个人人交互的状态。

消费者与商家的关系在不断改变，供需关系逐渐向社群关系转变，这就意味着社群交互成为未来消费新形态中的必要一环。加强社群深交互，从而推动消费者与商家之间的紧密联系，能够为企业打造社群经济做铺垫。消费新零售以社群交互为基点，构建消费新形态，为企业赋能。

✧ 社群交互的无限魅力

社群即社会关系，在消费新零售当中，社群交互的魅力就在于将众多人聚集在一起，实现消费共赢。当代的消费者身处于一个丰富多彩的"网格"之中，消费者与商家处在一个平等位置，能够实现"面对面"的交流与沟通。有消费的地方就有社群交互，社群交互是实现互利共赢的开端。

消费新零售将社群交互贯穿其中，从消费者视角出发，让消费者既是

简单的消费者，也是产品的设计者，最终成为产品的宣传者。加深社群交互，让消费者与商家的关系产生质的飞跃，从而引领消费新时代。

社群交互是创新。社群作为基于移动互联网的一种新型人际关系，给了消费者与商家更多的可能性。加强社群深交互，通过消费者与消费者之间的沟通，商家与商家之间的碰撞，迸发出有利于消费者与商家共同进步的新鲜思路，推动消费新零售的发展。

社群交互具有开放性，这就意味着在消费者之间或者商家之间的交互中容易产生新观点，并且能够很快地传播开来引发讨论与关注。闭门造车是不现实的，只有开放的思维才能引发创新。

社群交互是共享。消费新零售打造创业者开放共享的消费平台，加强社群深交互，进行实时互动，让企业在打造新产品时获取更多消费者的意见，最终达到消费者与企业共享产品价值的效果。

一个新的消费平台或者产品品牌的打造离不开社群深交互。社群交互的魅力在于它具有强劲且有活力的特质，能够同步且快速连接多个资源方，能够快速凭借自身价值赢得众多资源方的青睐，最终形成资源共享的局面。

社群交互是建立信任。在社群交互中，商家能够快速准确地获取消费者的消费需求。知己知彼，才能百战百胜，对于商家而言，加深社群交互是建立消费者信任的不二法门。靠低价打价格战实现消费裂变是一次性的，一旦被消费者发现产品不具有体验价值，商家便很容易流失用户。

处在互联网之下的消费社群是依靠价值观建立起来的，即拥有共同价值观与消费爱好的消费者通过互联网的连接形成社群。社群交互的同时产生一定的凝聚力，形成一群人去购买同一款产品的局面，从而影响消费，产生消费裂变。

社群交互是消费新零售之中最为常态化的表现形式，在互联网与物联网的发展之中，加深社群交互能达到商家在发展的同时实现创新、共享与赢得消费者信任的三维目标。消费新零售通过进一步加强社群深交互，不断帮助企业实现价值的提升，聚焦消费者新需求，打造消费新形态。

✧ 你看到新的消费形态了吗？

以消费者为中心的时代改变了吗？答案是本质没变，只是改变了手段与方式。"零距离"是当代消费者看到最醒目的关键词，是消费者与产品之间的实际距离变小了吗？答案是不一定。

消费者与产品之间的距离或许没有改变，但是得益于物联网的快速发展，消费者线上购买产品后，获取产品的时间变短了。社群交互的出现与持续加深让消费者与商家之间的距离缩短，催生出了消费新形态。

2020 年，一场疫情给消费领域带来了前所未有的影响，疫情在中国得到控制后，曾经被抑制了几个月的消费需求开始复苏。消费将进一步升级，消费新形态将重新定义消费市场。2020 年是个特殊的年份，暂时"暂停"的消费也重塑了消费者的消费观念与消费习惯。

首先，消费更加趋于理性化。突如其来的疫情，让"月光族"与提前消费者体会到了理性消费的重要性，因此消费者对待消费更加理性，选择产品也更加谨慎。商家在打造新产品时要更加了解消费者的实际需求，不断从消费者的消费需求中获取打造新产品的新思路。

其次，消费主体年轻化更加明显。90 后与 95 后逐步成为我国的重要消费群体，年轻的消费群体更愿意为产品的附加价值付出成本。消费主体的年轻化会加速消费新形态的转变，单一的购物方式已然不能满足他们的不同需求，因此线上线下消费将进一步融合，刺激消费。

消费主体逐渐年轻化，越来越多的消费者追求个性化消费，年轻人乐于彰显个性，勇于尝试新事物，对于产品的选择更加多元化，这将给更多的小众品牌和新品牌更多展示的机会，多元化的消费选择对消费市场的发

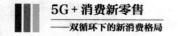

展起着推动作用

最后，消费实力不断增强。随着我国经济的发展，人均可支配收入不断增长。消费者的生活水平不断提高，对于消费的要求提升，对于消费体验愈加重视。

消费者消费将向"享受型消费"转变，健康与娱乐方面的消费需求提升，消费者更加重视精神文化消费与服务消费，同时，对于个人素养的培养也更加重视。

社群交互的深入为消费注入强劲动力，消费新形态的构建离不开消费者的支持与创业者的奋斗。随着经济水平的不断提升与消费的不断升级，新的消费形态会不断出现，企业运用社群交互的优势，才能引领消费新发展。

第三节　5G 时代下的消费新零售

在历史的长河中，无论是印刷术、蒸汽机和电力，还是计算机、互联网，这些技术都是通过创新来呈现的。这些都记录着社会经济发展的每一个脚印。

在移动互联网时代，从 2G 到 3G，到 4G 再到 5G，每一次进化，都意味着一个时代的刷新。2G 让人们之间的沟通变得简单快捷；3G 为人们带来了更多的娱乐方式，GPRS、流媒体音乐服务和社会化媒体丰富了人们的业余生活；4G 像一张网，囊括了人们生活的方方面面，而 5G 则像是一把钥匙，打开了"万物互联"的大门，渗透到了上千万个垂直行业，也影响着消费新零售。

✧ 技术迭代带来的万物互联

这是属于 5G 的时代。2020 年开启了新的 10 年，也翻开了真正属于 5G 的篇章。5G 不仅是信息变革的土壤，更是巩固企业发展的重要基石。在 4G 时代下，我们享受的是共享经济和移动支付，而在今天 5G 高速发展，我们生活在一个万物互联的时代，伴随着 5G 网络的全面铺开，市场中的相关产业链也逐渐走向成熟。

5G 虽然只是一种通信技术，但它却带动着整个经济生态圈。当企业与 5G 相关的技术发生裂变式碰撞时，将会给企业和市场带来全方位的改变。5G 颠覆了旧有的价值体系，提升了现有的生产效率，也促进了企业的技术创新，加快了企业商业模式的改革升级。

5G 的发展可以分为三个阶段：2019~2021 年，智能手机及相关应用从终端走向云端；2021~2025 年，随着 AI 技术的成熟，5G 手机将连接更多的智能硬件；2025~2030 年，实现真正的万物互联。此外，中国信息通信研究院测算，2020~2025 年，我国 5G 商用带动的信息消费规模将超过 8 万亿元，直接带动经济总产出达 10.6 万亿元；据相关机构预测，到 2035 年 5G 有望在全球各行业中创造 12.3 万亿美元的经济价值。

2019 年是 5G 元年，5G 可以提高数据传输速率、节约能源和降低成本，而且可同时连接多台设备，帮助企业突破创新发展的瓶颈。如今，消费新零售也崭露头角，帮助企业实现商业模式的转变。在此背景下，5G 与消费新零售的结合，可以更好推动 AI 和 VR 等技术的普及，为零售场景多元化提供了技术基础；也形成了库存管理系统方面的优势，既让消费者享受到更优质的服务，也让企业自身的运营变得高效化。所以，消费新零售与 5G 结合在一起，可以实现企业的快速发展。

✧ 未来 5G 时代的消费新图景

从互联网到物联网，从生活到生产，从实体世界再到数字世界，5G 给我们带来的是各种各样的新事物。在 5G 与商业模式结合的浪潮中，传统的工作模式、生产方式和管理模式都将发生改变。企业要积极了解并运用 5G，才能适应 5G 带来的种种变化。

5G可以说是一次技术革命，为所有企业带来了前所未有的商业机遇，各大企业纷纷加入新零售改造升级的行列中。5G时代下的消费新零售，既实现了人与物之间的连接，也实现了人与人、物与物之间的连接，重构了人与人、人与商品及商品与商品之间的网络连接。通过线上线下的零售场景，实现新零售的升级，并帮助企业实现一部手机就能做全球市场的突破。

企业依托5G与消费新零售商业模式进行深度融合，促进资源的优化配置，推动产品链和价值链的提升，帮助企业适应消费升级的有效供给，推动信息消费升级。此外，5G的应用场景从移动互联网延伸到更多领域，支撑企业进行更深层次的数字化转型。

除此之外，企业还要依托5G的海量数据，对消费者和潜在用户的消费行为进行收集和分析，提供精准的用户画像。企业可以根据消费者的消费场景、消费偏好和社交属性等，洞察消费者消费趋势，实现个性化服务和精准营销，从而满足消费者当下甚至是未来的消费需求。

如今，5G时代下的消费新零售帮助企业实现了从需求、设计、生产再到物流、渠道、销售和售后服务等环节的升级；帮助企业实现了设备状态联网监测、多厂协同和远程控制，从而提升企业的生产效率和利润，推动企业转型升级。

5G的到来意味着企业和消费者都进入一个数据大爆炸的时代，这将是一场跳跃性的变革，同时也影响着企业商业模式的升级和消费新零售的发展。企业逐渐实现5G与消费新零售的结合，才能针对科技和市场变化做出最优的战略抉择，在将来的市场浪潮中不落后于时代。

第二部分

5G＋消费新零售

第四章
消费新零售的价值观、使命与目标

　　作为一种全新的消费经济形态，消费新零售与时俱进，形成了独特的价值观、使命与目标。因此，为了帮助大家进一步深入了解消费新零售，本章内容将以消费新零售的价值观、使命与目标为切入点，深刻剖析消费新零售的意义与价值。

第一节　价值观：共商、共享、共赢、共生

在豆科植物的根部有一种菌，名为根瘤菌。根瘤菌与豆科植物是一种共生关系，豆科植物通过光合作用制造有机物，一部分供给根瘤菌，为其提供能量与安全的生长环境。而根瘤菌有固氮的功能，能够为豆科植物在长期的生长中提供充足的氮素。可以说，豆科植物与根瘤菌是共生、共享、共赢的关系，它们彼此依附，共同成长。

现如今，联合协作早已成为企业的生存之道，在市场的大生态中，懂得共商、共享、共赢、共生的企业，才能形成无限循环链，快速成长。以"共商、共享、共赢、共生"为价值观，打造出命运共同体才是企业发展的终极奥义。

✧ 价值观是一切起点

在硝烟四起的战场上，如果将领平庸无能，那么，即使军队再勇猛，最终都很可能会沦为战争的牺牲品。如果将领缺乏正确价值观的引导，那么越是优秀的将领，越是危险，其造成的危害越是难以估量。

所谓价值观，就是人们建立在感官意识上，对人、事、物进行判断的一种思维或取向，并通过这种思维或取向体现出人、事、物的价值或作用。每个人都有自己的价值观，社会的向好发展亦离不开正确价值观的引导。正确价值观是一切发展的起点，它可以积极引导人的行为，坚定人的信念，为人们的人生追求提供强有力的支撑，如果人人都可以形成正确的价值观，社会就会更加和谐繁荣。

价值观如此重要，那么，消费新零售作为一种新型消费模式有价值观吗？

当然有！

如今，伴随着以5G为代表的新技术的快速发展，互联网电商已经从传统电商、社交电商、内容电商进化到消费新零售阶段。在这个全新阶段里，消费新零售正在以其与时俱进的价值观与人们的日常生活融为一体。

消费新零售有四大优势：零门槛，人人都是分享者；云储存，不做压货的创业；自流量，引爆全明星产品；全球化，将市场推向世界。这四大优势向人们传递出这样一个信息：共商、共享、共赢、共生就是消费新零售的价值观。

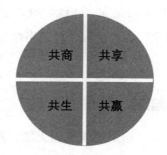

图 4-1　消费新零售的价值观

消费新零售以共商、共享、共赢、共生为引导，形成一体化连接，消费者就是创业者，获利者就是分润者，互联互通。以共商、共享、共赢、共生为着力点打造命运共同体的全新生态链，是消费新零售创造出的最大价值，也是最理想的市场化模式。

◇ "四共"为基，互连生态

歌德曾说："不管努力的目标是什么，不管他干什么，他单枪匹马总是没有力量的。"现如今，越来越复杂的全球经济发展形势使得企业经营压力不断变大，单打独斗早已不是企业在市场中的生存形式，面对这种巨大的挑战，共商、共享、共赢、共生成为众多企业的共识。

企业间打造命运共同体，不仅可以避免不必要的恶性竞争，还可以进一步促进企业构建共同发展的生态圈，形成强大凝聚力。消费新零售以共商、共享、共赢、共生为价值观，是企业互惠互利的最好搭载模式。

共商，顾名思义，即共同商议、协商。在这个基础之上，方能集思广益，使各方利益和关切得到兼顾。共商强调的是平等，通过深入交流，不断深化交流，最终达成共识。这也是消费新零售最显著的特点之一。

共享，即分享。消费新零售中"人人都是分享者"的理念就意味着彼此共享，共享新理念、新消费、新资源、新平台等。毫无疑问，中国经济的快速发展为世界经济做出了重要贡献。其中一个重要的贡献就是，为世界提供了能够共享的资源与平台，从而在很大程度上打破了商业的垄断，进一步促使商业经济的发展惠及民生。

共赢，即双赢。消费新零售不仅能使合作双方实现各自目的，而且能使合作产生 1+1>2 的效果，从而形成强强联合或者说是"弱弱联合"这一互利共赢的全新局面。这也是消费新零售的重要追求。

共生，即彼此依赖，和谐相处。随着科学技术的发展，人类文明正走向下一个全新的阶段：多元化并存。在这个多元化的世界中，每一个独立的个体都是不可分割的一部分。要实现和谐共生，就必须通过共商达成共识。凝聚共识，才能团结在一起，共同应对挑战，形成命运共同体。共生，是消费新零售的终极目标，也是消费新零售最重要的价值观。

共商与共享的结果，就是形成你赢我赢大家赢的局面。共商、共享是共赢、共生的前提和基础，共赢、共生则是共商、共享最终要达成的目标。

从不远的过去到现在，再到可预见的未来，一个显而易见的事实是，没有正确价值观的引导，再先进的技术、再赚钱的产品都会对人类社会造成危害。技术与产品需要融入正确的价值观。同样，任何一种经济形态也需要植入正确的价值观。当一种经济形态的价值观落后于社会的发展时，便意味着它将要退出历史的舞台。而以共商、共享、共赢、共生为价值观的消费新零售无疑刚刚拉开帷幕，即将成为下一个风口。

第二节　使命：打造互联网的互通生态圈

每一种新的经济形态的出现都不是偶然的，它们的形成总是与社会有着千丝万缕的关系。当新的经济形态出现时，它将肩负起由社会责任、义务或自身发展所决定的任务。这就是使命。简而言之，使命就是应尽的责任。

使命不可缺少，且有着十分重要的作用。正如现代管理学之父彼得·德鲁克所说："有效的使命通常是简短而明确的，它完全可以被印在一件 T 恤上。使命会告诉你为什么要承担某项工作，而不是如何去完成它。使命往往是宽广的，甚至是永恒的，但它却能够指引我们做出正确的选择。"

消费新零售自诞生之日起就有明确的使命，那就是打造互联网的互通生态圈。

◇ 遵循原则，把握使命

"生态"这一概念来自生物学，指生物的生存状态，以及生物之间、生物与环境之间紧密相连的关系。互联网的生态圈里包括消费者、企业、行业等。无论是个体、组织还是系统，彼此之间形成利益共生的关系，共同存在，共同发展，从而形成完整而复杂的生态圈。内容生态、产品生态、企业生态、行业生态、社会生态则是互联网生态圈的五大重要组成部分。

回顾世界经济发展历程，从以煤炭为基础、以蒸汽机和印刷术为标志的第一次工业革命，到以石油为基础、以内燃机和电信技术为标志的第二次工业革命，再到以核能为基础、以互联网技术为标志的第三次工业革命，毋庸置疑，一次又一次的工业革命极大地提高了社会生产力，促进了经济的发展和人类社会的进步。

当下，以可再生能源为基础、以互联网数据内容为标志的第四次工业革命方兴未艾。而大数据正是互联网的核心。由此可见，消费新零售必须利用大数据将客户群体细分，降低服务成本，直达客户内心需求深处，最终建立全生命健康生态圈。

此外，打造互联网的互通生态圈还需要遵循以下几个原则：

一是多样性原则。消费新零售互联网的互通生态圈与自然生态系统有着本质联系，消费系统要良性发展，首要原则是尊重消费的多样性。当面对传统消费的停滞时，要勇于打破现有规则，用全新的消费理念与全新的互联网思维突破屏障，顺应时代的发展趋势。

二是系统性原则。所谓系统是由相互联系、相互作用的若干要素，以一定结构组成的，构成具有一定整体功能的有机整体。在打造互联网的互通生态圈时遵循系统性原则，有利于构建一个和谐共生的消费生态圈。消费新零售利用系统性原则建立起一个相互连接、协同一致、共同促进的互联网的互通生态圈，将消费者、商家与社会连接起来，能够促进企业持续健康发展。

三是利益共享原则。互联网的互通生态圈的高效运行与发展的关键是要实现利益共享，让消费者与创业者共同参与其中，分获属于各自的利益。消费新零售打造互联网互通生态圈，坚持利益共享原则，有利于消费的不断升级，也有利于打造更加具有竞争力的消费平台。

企业在构建互联网的互通生态圈时，必须遵循一定的原则，如此才能不断向着未来发展。消费新零售的使命是打造一个互联网互通生态圈，它必须以生态共建的方式向更广的方向蔓延，形成资源共享、流量互导、平台互通的多赢格局。

✧ 平衡系统，打造互联网的互通生态圈

互联网的互通生态圈以互联网技术为核心，以消费者价值为导向，不断推进消费者与商家关系的进一步融合。

消费新零售依托全球大健康数据，打造互联网互通生态圈，要从物流系统、信息发布系统、支付系统及互动系统多方位出发，平衡生态，促进消费发展。

第一，完善物流系统，实现全球物流系统平衡发展。随着"互联网＋物流"形式的深度融合，物流系统朝着开放、高效、便捷的方向不断发展。完善物流系统，一方面要加大物流基础设施建设，保障产品有地可存且有多重交通工具可运输。物流基础设施的建设将物流系统的各个要素有效连接起来，实现运输、仓储、搬运与收货的闭环。另一方面，完善物流系统要从消费者角度出发，为其提供高效、便捷和优质的物流服务，满足消费者需求。

第二，改善信息发布系统，为创业者和消费者提供最全面的信息服务。信息的互联互通是推动互联网互通生态圈发展的必要条件，信息发布系统及时更新服务信息，能够促进消费升级，提高消费者的消费意愿。

第三，打造全支付系统，让消费变得更加简单。随着线上线下消费的

不断融合，消费者的支付方式有了更多选择。不同的消费者有着不同的消费习惯，抓住消费者的个性化消费特征，打造全支付系统，才能获得更多消费者。消费新零售全支付系统，既能进行简单的扫码支付和刷脸支付，也能实现线下与线上的高度融合。

第四，重塑互动系统，真正实现消费者与商家的"零距离"沟通。互联网的互通生态圈是一个开放的生态圈，从人人分享到人人共享，不断加深消费者与消费者的联系，同时也加深消费者与商家的联系。消费新零售构建的互联网互通生态圈是良性且完整的生态圈，通过重塑互动系统，减少商家与消费者之间的沟通成本与时间成本，实现互利共赢。

未来，商业经济的发展依靠的不仅仅是客户的数量，更加依赖生态格局。因此，打造互联网的互通生态圈势在必行。消费新零售也将沿着这个新的历史使命不断前行，乘风破浪，再创辉煌。

第三节　目标：正心正念、正行正果、利他利众

古罗马哲学家塞涅卡曾说过这样一句话："有些人活着没有任何目标，他们在世间行走，就像河中的一棵小草。他们不是行走，而是随波逐流。"没有目标的人生，容易失去前进的方向，从而导致原地打转，甚至误入歧途。

商业经济的发展也是如此。当下，消费新零售正在积极践行正心正念、正行正果、利他利众的目标。清楚而正确的目标，是消费新零售蓬勃发展的重要驱动力。

✧ 大道至简，心正而宽

一个老剃头匠将自己的两位徒弟叫到自己的身边，告诉他们自己决定从两人中挑选一位继承自己的剃头铺。老剃头匠告诉自己的两位徒弟，让他们为一为摊，用一天的时间招揽客人剃头，谁招揽的客人多，谁就可以继承铺子。

一天结束后，两位徒弟回到老剃头匠身边。大徒弟告诉老剃头匠自己

招揽了十位客人，小徒弟告诉老剃头匠，自己一共招揽了六位客人。老剃头匠思索片刻表示，自己的铺子归大徒弟所有。大徒弟听后，喜不自禁。但老剃头匠接着又表示，铺子归大徒弟，但从此以后，大徒弟将与自己再无关系，而自己最拿手的剃头技艺将传授给小徒弟。大徒弟愤愤不平，表示不满。

老剃头匠对大徒弟说："你剃头时心不稳，心不稳则手不稳。你弄伤了两位客人，而且你一心只为赢，并不在乎自己剃头的过程，为客人剃的头不仔细，他则不然。"老剃头匠指向小徒弟，"他心正，一心只为剃头不为赢，他专注过程，为客人服务得很细心。而且，其中有两位老人，他没有收取钱财，这样的人才能成为真正的剃头师。"

果然，日后小徒弟成为小镇上最著名的剃头匠，而他也一直秉持着正心正念的品性，正言正行，直到老去。

大道至简，从正而宽。正念多一寸，邪念便后退一分。人生总会有自己的追求，有自己的目标，但抱有怎样的心态去追寻未来是至关重要的。心怀正念，认真做自己认为正确的事，一意搏心，正行正言，利他利众，最终才会利己，这是一种循环，也是一种崇高的境界，将此立为人之目标，才会得正果，修大为。

人生需要追求这种大境界，处在复杂多变的商业环境中的企业更需要追求正心正念的目标与利他利众的"大为"精神。消费新零售追求正心正念、正行正果、利他利众的目标，意在让市场具有更大的能量。未来，消费新零售的崛起将会改变商业业态，开启一个全新的互联互通商业生态圈。

✧ 心正 + 行正 + 利他 = 大成

正心正念，即保持正直的内心与坚定的信念。这是内在的。心不正、念不正，则注定与成功无缘。以正心正念为前提，方可达成正行正果。

《大学》中有言："所谓修身在正其心者，身有所忿懥，则不得其正；有所恐惧，则不得其正；有所好乐，则不得其正；有所忧患，则不得其正。心不在焉，视而不见，听而不闻，食而不知其味。此谓修身在正其心。"修身者必修其心，心正则念正，念正而行正。人生中有很多事，往往在一念之间，一念之差便会出现盛衰两种结果。保持正心正念者，才能无所畏惧，踏步向前。

中国自古以来就是一个以和平为念的国家，主张互不侵犯，互相尊重主权和领土完整。中国是一个始终秉持正心正念的国家，因此才能巍然屹立于世界民族之林。同样，作为一家企业的领导者、一名社群领袖、一个人，正心正念也是不可缺少的。这正是消费新零售对企业领导者、社群领袖等的内在要求。

正心正念是内在的，正行正果是外在的，有因必有果。正心正念为因，才能结出正行正果之果。正行正果是行动，是桥梁，是道路。《论语·公冶长》中表示："今吾于人也，听其言而观其行。"这句话的意思是说，判断一个人的品性，不仅要听他的言论，还要看他的实际行动。显而易见，仅仅停留在正心正念是不行的，必须采取行动，没有行动，一切都是空谈。尤其对企业而言，在经济全球化、市场化的大背景下，人们愈发看重企业的德行，有正行者才能得正果，在市场中获得生存的权利。正行的最终目标是实现利他利众。

利他利众是正心正念、正行正果的核心。利他为先，利众为本。控制个人私欲，以利他利众的思想为指导，为他人提供帮助，企业家才能获得真正意义上的成功。消费新零售以利他利众为终极追求目标，体现了新时代的特点。

利他利众彰显了中国文化的智慧。儒家经典《弟子规》中有言："凡是人，皆须爱；天同覆，地同载。"这句话的意思是说，只要是人，都需要彼此关心，相亲相爱，因为，我们生活在同一片蓝天之下，我们生活在同一片土地之上。道家则讲究天人合一、道法自然。佛家讲究普度众生，使众生离苦得乐。在当今社会，作为执政党，共产党则时刻关注民生，以全心全意为人民服务为宗旨。这些都是利他利众的表现。

　　时代变了，消费者变了，经济形态也随之悄然发生了改变。判断一个企业能否有好的发展，关键在人；判断一种新经济形态是否能成为主流，关键在其目标是否正确而清晰。消费新零售以正心正念、正行正果、利他利众为践行目标，不仅保证了消费者的利益，为消费者带来更好的消费体验，而且保证了自己的生存空间，必将成为不可逆转的潮流。

第五章
消费新零售的文化修为与理念传承

从古至今，文化始终是社会经济向前发展的重要助力。当下，初露锋芒的消费新零售正奋力为零售行业赋能，其自身的发展同样离不开文化的加持。因此，本章将从文化角度来详细阐述消费新零售的文化修为、五大发展理念，并指出未来企业家的文化使命。

第一节　消费新零售的文化修为

一个无可争议的事实是，文化无时无刻不在，无处无地不在。个人的文化修为如何，可以通过外在的言行表现出来。正所谓："腹有诗书气自华。"那么，消费新零售的文化修为如何？主要表现在哪里？

作为一种全新的商业业态，消费新零售从孕育到诞生，已然积淀了深厚的文化修为。这也是在不远的未来支撑其生存并实现可持续发展的重要力量。消费新零售的文化修为主要表现在两方面：一是工匠精神，二是商德。

◇ 工匠精神恒久远

近几年来，"工匠精神"已经成为大众耳熟能详的一个词语。

工匠精神代表着精益求精、追求完美的精神理念。从某种角度来讲，工匠精神的目标就是打造出本行业最优质、最优秀的产品。简而言之，工匠精神主要体现在三个方面：追求卓越的创造精神、精益求精的品质精神、用户至上的服务精神。

工匠精神的关键是匠心，打磨匠心的关键是修炼。匠心不是心血来潮，不能在某时某刻出现，而后消失；匠心是长长久久的坚持，是坚守与专注。毫无疑问，时间正是检验匠心的重要试金石。

纵观当下，零售行业竞争日趋激烈，消费新零售的发展势不可挡，是大势所趋。透过表象来看消费新零售，工匠精神深深植根于其中。虽然消费新零售的出现为广大企业、创业者带来了无限的新商业机遇，但同时，消费新零售也对其提出了更加严峻的要求和全新的挑战——以工匠精神打造卓越品质。

正是基于工匠精神，消费新零售才能实现三大突破：从商品经济、市场经济转向社群经济的消费平台突破，从服务客户的一次性价值转向服务客户终身消费价值的突破，从经营产品转向服务客户的体验感、荣誉感、价值感、责任感与使命感的突破；才能建立四大优势：零门槛、云储存、自流量、全球化；才能成功构建"五网一链"：社群网、学习网、管理网、结算网、视联网、供应链。

相反，如果缺乏工匠精神，那么企业家、员工就很难树立起敬畏职业、热爱工作、负责任的态度，就很难将细节工作做到位，就不会将完美与极致作为自己的追求。客户自然也很难获得心仪的产品和无可挑剔的体验。最终，企业必将走上穷途末路，无法在市场中立足。

✧ 以商德而化天下

自古以来，中国就形成了独树一帜的商文化。在 21 世纪的今天，中国商文化也取得了很大的进步。商德，是当今中国商文化推崇的立世之本。

什么是商德？顾名思义，商德即商业道德，属于商业伦理学范畴。商德要求市场主体在通过经营活动获取利润的同时，要兼顾好多个利益关联方的利益，诸如生态环境、消费者、合作商等。

"只有合作共赢才能办大事、办好事、办长久之事。要摒弃零和游戏、你输我赢的旧思维，树立双赢、共赢的新理念，在追求自身利益时兼顾他方利益，在寻求自身发展时促进共同发展。合作共赢的理念不仅适用于经济领域，也适用于政治、安全、文化等广泛领域；不仅适用于地区国家之间，也适用于同域外国家开展合作。"习近平总书记的这段话充分表达了中国进行商业合作的善意。简而言之，商德就是善意之德。

消费新零售要求企业、企业家等遵守商德、涵养德行，努力做到以下三点。

第一，诚实守信。市场上，公平交易的基石是什么？交易行为能够存在并长久存在的根本是什么？答案是诚信。消费新零售以良好的人际关系为重要依托。人际关系是无形的、重要的成本，诚实守信则是消灭这一成本的关键。

第二，知法守法。积极做法律法规要求的、提倡的，坚决不做法律法规禁止的、不提倡的，所有生产经营活动严格依照法律法规来进行。在做产品推广时，要实事求是，不夸大产品的质量与功效；在为客户办理退货、换货时，要积极主动，不互相推诿；等等。如此，才能真正做到知法、懂法、守法。

第三，积极承担社会责任。这是商德最重要的内容之一。每个企业家都应将承担社会责任放在重要的位置，积极投身社会公益事业，努力为社会主义和谐社会的建设做出更大的贡献。

互联网信息技术的快速更迭加快了商业业态的升级换代。然而，如果没有深厚的文化修为，注定无法获得长久发展。任何商业业态的生存与可持续发展都需要文化的加持。消费新零售也是如此。没有工匠精神，没有商德，消费新零售将一事无成。

第二节　消费新零售的发展理念

2015 年 10 月，十八届五中全会首次提出了五大发展理念：创新、协调、绿色、开放、共享。今天，在五大发展理念的引领下，中国经济的发展踏上了一个全新的台阶。同样，"小荷才露尖尖角"的消费新零售也离不开正确的发展理念。

发展理念集战略性、纲领性、引领性为一体，统管全局，坚定根本，指引方向，决定长远，直接影响发展的成效甚至最终的成败。发展理念的确定可以为企业提供发展的思路、方向与着力点，从而揭示出一条走向成功的必由之路。

✧ 发展理念引领未来发展

在企业的发展过程中，发展理念是企业文化的重要组成部分，是企业精神活动的结晶，也是企业提升实践成果的精髓。它既是企业适应外部环境变化的思想指导，也是凝聚内部员工的思想武器。可以说，发展理念决定着企业未来的发展高度。

　　发展理念引领企业实现高质量发展，也是企业制定发展目标的基石和动力。发展理念应该是超前于企业现处的发展阶段，而非落后于企业发展，因为发展理念决定着企业在未来一段时间内的发展高度和深度，自然具有一定的超前性。

　　但超前的发展理念绝不是脱离实际的。发展理念永远都是来自实践，最后也会回归实践，一些不符合企业现状和过于浮夸的发展理念会将企业带入歧途。发展理念绝不是空洞的文字，它渗透在企业的方方面面，大到企业战略决策，小到具体工作决策，都有着无声却有力的影响，最终决定着决策的结果。

　　发展理念对企业整体发展和商业模式重塑都有着重要的指引作用。正确的商业模式并不意味着就能让企业从此立于不败之地，它也需要正确的发展理念来进行引导。对于一种新的商业模式而言，其发展理念是否正确，要看它是否符合企业发展规律和未来趋势。

　　消费新零售作为一种全新的商业模式，经过深刻总结以往的经验，深刻分析市场发展大势之后，确立了安全、长久、价值、良知、命脉五大发展理念，这五大发展理念相互贯通，相互促进，对企业现阶段的发展和未来的发展方向有着重要的指导作用。

　　受新冠肺炎疫情影响，线下消费遭遇重创，企业面临着更多的危机，但同时也面临着更多的机遇。在这一重要的转折点，消费新零售的五大发展理念能够为企业注入全新的活力与动力，引领企业实现可持续发展。

　　消费新零售的五大发展理念是企业发展的软实力，能够释放出巨大的能量，帮助企业焕发生机。这将为企业长久发展打下更加坚实、更为深厚的基础，为其创造出更有深度的商业逻辑，最终帮助企业成为新时代的中坚力量。

✧ 发展理念的深层结构

正确的发展理念是企业获得持续发展的重要先决条件，从根本上决定着企业的成果乃至成败。在消费新零售商业模式中，安全、长久、价值、良知、命脉作为它的五大发展理念，对企业的发展有着怎样具体的指导呢？

安全，即要求产品与企业经营要合法合规，合情合理。无论是产品还是企业的经营，都必须做到合法合规，力争做到合情合理，如此，才能保证所有参与者的应得利益，才能净化社会不良风气，才能助力社会有序发展。

长久，即经得起时间的考验，能够长久存在与发展。伟大的企业、优秀的产品绝不是一时之利的产物，它们不仅能够长时间存在，而且能为社会做出有益的贡献。消费新零售要求企业、产品等不能一味追求短时间的利益，而要将自身的短期发展与长期发展相结合，实现可持续发展，进而做到基业长青。

价值，指平台、社群、社圈、社员、企业等的价值。没有价值，就没有存在的意义。实现个人价值与社会价值的契合、融合是终极目标。例如，一家企业不仅要保证长期稳定的获利来求生存、谋发展，而且要积极投身公益，依法纳税，为国家经济的发展做出贡献。

良知，简而言之就是心安理得。消费新零售要求社群领袖、平台、社群、企业等必须有良心，起心动念必须是正心正念，这是不可侵犯的底线。坚守良知、践行良知，才能赢得消费者、市场和社会的认可，才能走上光明的发展道路。

命脉，顾名思义，指生命和血脉。著名人际关系大师哈维·麦凯曾表示："人脉就是钱脉。"确切来讲，人脉不仅仅是钱脉，而且是命脉。命脉至关重要，企业家尤其要珍之重之。正所谓："君子爱财，取之有道。"企业家及企业的一切活动都不能偏离这个"道"，违法的事不做，损人利己的事不做，否则命脉将会受损。没有命脉，企业将无法继续向好发展，遑论获得更多的利润。

事实已然证明，任何实践都要由一定的发展理念来引领。发展是一个不断变化的动态过程，因此，发展理念不是一成不变的，必须与时俱进，不断创新，否则将失去引领的作用，甚至产生掣肘的反作用。消费新零售作为一种全新的经济形态，其发展理念符合新时代的要求，与时代相契合，可以引领社会经济更快、更好地发展。

第三节　未来企业家的文化使命

当下万物互联经济已经到来，在这一新的经济发展背景下，企业家的文化使命不仅可以激励企业家努力拼搏，让企业获得大众的认可，赢得更多的发展机遇，还可以摒弃市场的浮躁之气，促进社会经济的平稳健康发展。

作为推动社会进步的重要力量，企业家身上肩负着重要的使命与责任。在信息技术日益发达的新时代，企业家担负的文化使命尤其重要。企业家是市场舞台上的主角、企业的掌舵者，在企业文化的建设中发挥着举足轻重的作用。

✧ 企业的文化基因

优秀的企业家既是企业发展的领导者，也是企业员工的思想领袖，以自己的新思想、新观念、新思维和新价值来培育卓越的企业文化。企业文化必然是既具有时代特色，又不失创新因素，这样才能逐渐被员工认可，被消费者认同。

企业文化是企业家从企业特色出发，以企业的价值观和发展理念融合而成的，是企业家文化使命的深度体现，也是企业家文化使命的深度延伸。企业家的文化使命是推动企业文化发展的核心力量，可以推动企业走向成功，在危机中抓住机遇，实现阶段性的突破发展。

对于企业家的文化使命的定义，不同的专家和学者有着不同的理解。简单来说，企业家的文化使命就是企业家提供经营思想和理论，确定企业近期发展目标和未来发展方向，并将任务、规划等细化为企业员工的目标和行动，在这个过程中同时将发展理念贯穿于企业活动的始终。企业家的文化使命不是一成不变的，它会随着时代的发展而进化。

如今，文化兴企已经成为现代企业的普遍共识，企业家的文化使命也成为推动与促进现代企业文化发展的不竭动力。优秀的企业文化不是凭空出现的，企业管理者要努力成为企业文化的培育者，践行企业家的文化使命，大力培育优秀的企业文化。此外，企业文化的培育和建设还需要资金和精力的投入。

企业管理者在投资技术教育的同时，还要懂得投资文化教育。一方面，企业管理者要舍得在员工文化培训方面花钱；另一方面，企业管理者还要格外注重对企业文化骨干的培养，拓宽其文化视野，提高其文化素质。

企业家的文化使命是企业全体员工的精神核心，企业家凭借着奉献精神、创新精神、守法精神和拼搏精神的文化使命凝聚着企业员工，从而带领着他们一起迈向共同的目标。

✧ 企业文化的演绎者

随着时代的变迁，企业家的文化使命也发生了变化。那么，未来企业家的文化使命是什么？未来已来。消费新零售要求企业家在企业文化建设中扮演好以下五个角色。

第一，当好企业文化的设计者。显而易见，作为企业的管理者，企业家本人的价值观、理想追求等会对企业的理念和行为产生巨大的影响。企业文化理念的形成不可避免地需要企业管理者来做总结、归纳和加工。由此可见，企业管理者在企业文化的构想、提炼、落地等一系列过程中起到了不容忽视的总设计师的作用。

第二，成为企业文化的倡导者。企业文化不是挂在墙上的口号，需要企业全体人员积极践行。因此，企业领导者必须成为企业文化的积极倡导者，通过各种各样的方式来倡导企业文化，使企业文化真正走进员工的心里，并体现在员工工作、学习等各个领域。

倡导不是盲目的，要讲究方法，如号召、呼吁、暗示、提醒等方式是合适的，不分场合大声疾呼的方式则是不可取的。此外，企业管理者要想成为企业文化的合格倡导者，还必须将企业文化牢记于心，深刻理解、把握企业文化的内涵与实质。

第三，做好企业文化的指导者。企业文化的建设过程绝非一帆风顺，总是会出现各种问题。因此，企业管理者必须时刻关注企业文化的建设，成为企业文化的指导者，及时发现并解决企业文化建设中存在的问题，引导企业文化向正确的方向发展。这就要求企业管理者提高自己对企业文化问题的敏感度与反应速度，进而能够从一些小苗头、小迹象中发现企业文化发展变化的趋势。

第四，成为企业文化的变革者。众所周知，企业文化并非一成不变，而是需要随着时代的发展做出相应的改变。因此，企业管理者不能故步自封，而要积极推动企业文化的变革，实现企业文化的创新发展，使企业文化能够始终与自身发展及外部环境的要求相一致。

第五，做企业文化的先行者、示范者。榜样的力量无穷大。企业管理者要想号召员工践行企业文化，必须率先垂范，从自身做起。当企业管理者一言一行都符合企业文化的要求时，员工才能信服，才能认同，才能主动将企业文化贯彻执行到位。

在这个波澜壮阔的时代，社会文化思潮日益多元化，新的挑战层出不穷。消费新零售将与企业家一同肩负起新时代的文化使命，承上启下，开拓出企业文化发展的新阶段、新天地、新面貌，为企业文化的建设做出更大的贡献。

第六章
消费新零售如何给社群使能

俗话说"物以类聚，人以群分"，当有着共同兴趣爱好的人聚集在一起时便形成了兴趣圈层，而当兴趣圈层内的人有了共同的消费目标，便催生了社群经济。社群为人们提供了便利，更改变了企业与消费者之间的单向输出关系。

消费新零售作为一种新型消费模式，在社群运营中更是具有至关重要的作用，它可以给社群使能，让社群做到从"价格消费"向"价值消费"迭进、从"产品营销"向"品牌价值"转变、"社群裂变"与"终身粉丝"共存，消费新零售以全新模式推动社群进行全新价值输出。

第一节 "价格消费"向"价值消费"迭进

"双十一"是一个快乐与痛苦并存的日子，网购者总会沉浸在得到心仪的物品与失去金钱的纠结中。2019 年"双十一"落下帷幕后，交易额再次刷新了纪录。从各类数据中，可以窥探到消费者的消费行为趋势。在众多的产品类别中，中高端产品全面崛起，中高端产品消费额增长的背后是消费形式的转变。

当前，中国经济运行稳中有进，市场消费也在不断升级，消费者的消费水平、消费理念与消费认知能力不断提升，消费者已经逐渐抛却了过去"价格消费"的观念，相较于价格，人们更多关注的是产品内附的价值。

在这种背景下，新零售不断进行变革与演进，催生出了全新的消费模式——消费新零售。消费新零售是针对消费行为的一种全方位升级模式，它可以给社群使能，让社群真正做到由"价格消费"向"价值消费"迭进，以价值聚力。

✧ 消费背后的价值裂变

过去，中国市场中普遍存在的是劳动密集型企业，中国也被看作一个制造业大国，一度有着"世界工厂"的称号。劳动密集型企业凭借着劳动成本的优势，将物美价廉的产品销售到了世界各地，迅速推动了中国经济的发展。但由于当时的企业多以制造业为主，产品含金量不高，在愈发注重产品价值的国际市场中，劳动密集型企业遭遇了发展瓶颈，以价格博市场的老路难以继续，甚至有一段时间，世界市场对中国制造产生了巨大争议，西方国家对"中国制造"的质量与安全产生了置疑。

在此背景之下，创造"中国价值"成为众多劳动密集型企业的目标，它们意识到，"价格"优势只能是一时之势，只有创造真正有价值的产品，才能在国际市场崛起。众多中国企业纷纷由"价格思维"向"价值思维"转变，依靠自主创新、科学管理、技术升级等，将"中国制造"向"中国智造"推进，不断提升中国制造业在整个全球价值链上的地位。

市场是以满足消费者需求而存在，国际市场的"价值追求"侧面反映出人们消费行为的全新转变，在大趋势的洪流中，企业就需要以"价格"为跳板，创造价值。当下的市场中，不仅是企业，微商、社群等同样需要以"价值追求"为前提，向着"价值消费"迭进。

图 6-1　价值是最终结果

王姐是一个肥胖人士，最近下定决心要减肥，在搜集各种减肥方法的过程中，王姐加入了两个不同的减肥产品社群。王姐的本意是想通过对比二者的价格，再决定是否购买产品。A群每天都会推送产品的优惠券或者试吃活动等，号召社员先到先得。B群却很少在群里推送产品信息，而是每天都会分享一些减脂食谱、减脂视频等，告诉社员如何正确、合理地进行科学减肥。王姐在关注两个社群的过程中，逐渐将注意力偏向了B群，尽管其产品价格相对于A群略高，但王姐通过B群的内容，对其产生了信任。

当社会的消费水平处于以价格为根基的状态下时，价低者胜。但零售业其实已经悄悄发生了跨时代的转变，以低价为主要市场特征的大卖场时代逐渐进入以价值为卖点的个性化时代，单纯依靠价格为手段的经营早已不符合如今的市场需求。况且，如今市场中产品的多样性与重复性使越来越多的消费者认为"便宜没好货"。

经济水平的上升催化了价值裂变，整个市场终端都在面临着重新调整模式的价值选择，有价值的内容才能更吸引消费者。B群以"价值消费"为着力点，打造对社员来说有价值的服务内容，因此才能汇聚更多减肥人群。

✧ 价值聚力，消费升级

由"价格"向"价值"迭进是整个市场的大趋势，消费者的意识在改变，一味以低价换销量是自取灭亡，以"价值"为产品基点才能得到认可。消费新零售作为一种新型消费模式，可以给追求"价值消费"的社群使能。

一是品质为上。很多人在购买商品时，以低价购买的那一刻很开心，但使用的时候却发现很糟糕。产品的真正价值在于给消费者带来舒心与安心，让消费者觉得物有所值。相较于低价格的劣质品，如今的消费者更多的是选择高价格的优质品。品质是创造产品价值的关键，有品质的产品才能赢得消费者的价值认同。

二是满足消费者的多功能需求。一件产品的基本价值在于可以满足消费者的使用需求，衣服可以满足人们取暖的需求，食物可以满足人们果腹的需求。但在不以"价格"论英雄的时代，产品的基本价值已经不能再满足消费者，企业要提升产品价值，满足消费者的多功能需求。例如，可以监测心率的手表，不仅可以满足消费者基本的掌握时间的需求，还可以满足消费者掌握健康的需求，显然，监测心率的手表会比普通手表更具价值。

三是增加设计感。外观是消费者购买产品考虑的一大要素，如今的消费者对产品的外观设计愈发在乎，相较于平平无奇的产品，精致、个性的外观设计更可以给消费者视觉上的冲击。此外，设计感注入的是一种态度，是通过产品表达出的一种情感，通过对产品的设计与消费者产生心灵上的碰撞，引起共鸣感，才是产品真正的价值所在。

从看"价格"到看"价值"，是人们消费意识趋于理性成熟的显著标志，当消费者开始从视觉、听觉、触觉等方面来选择产品时，"价格消费"便已经开始向"价值消费"悄然转变。价值，是一种无形却极具分量的东西，消费者购买的不再单纯是产品本身，还包含产品中附带的文化、设计、服务等。基于人们消费意识的改变，市场也需要由"价格"过渡至"价值"，尤其是社群，凝聚社员的关键便在于价值的输出，消费新零售给社群使能，可以助力社群更好地进行价值输出，向着"价值消费"不断升级。

第二节 "产品营销"向"品牌价值"转变

在某地铁的广告牌位上有两组广告，宣传的都是电子产品。第一组的广告语为：思迥异，做不同。第二组广告语为：外表纤薄，内在渊博。这两句广告语从表面看都很简洁有力，但如果认真分析，就可以看出两者的不同。

第一组卖的是品牌，它以产品为载体宣扬的是品牌的精神与价值观，通过"思迥异，做不同"来提升消费者的境界，从思想上与追求与众不同的消费者形成精神共鸣，消费者买的不仅是产品，更是产品品牌中蕴含的精神。第二组则突出的是产品的优点与差异点，对于关注产品硬件的消费者来说也许具有吸引力，但产品的优点不会一直是优点，总会有更好的产品超越它。

产品会退役，品牌不会退役。在当下的过剩经济时代，市场上最不缺的便是产品。如今市场已经进入平衡发展期，消费者的选择更趋向于"牌子货"，那些品牌价值高的产品往往会给消费者一种质量感与个性设计感，品牌已经成为消费市场的主流。创造品牌，由"产品营销"向"品牌价值"

转变也成为众多企业的追求。消费新零售以一种全新的消费模式，可以给社群使能，让社群中的企业创造真正的品牌价值，实现华丽转变。

✧ 品牌构筑命脉

同样是运动鞋，人们大多都会选择耐克；同样是男士衬衣，人们大多都会想到海澜之家；同样是咖啡，人们大多都会向往星巴克。我们现在有幸处在一个时代洪流之中，围绕在我们身边的是丰富多彩的世界，尤其是互联网的爆发，给人们带来了前所未有的便利，改变了人们的消费环境，让人们的消费不再受到地域的限制，同时也逐渐改变着人们的消费观念。人们不再满足于获得各种产品，而是更加注重品牌体验。此外，消费主体的年龄更迭更是改变了传统意义上的消费模式，如今的消费主体以 80 后、90 后和 00 后为主，这一类消费者追求的不再是产品本身，而是追求具有个性、价值观、文化的品牌，追求精神上的自我认同感。

品牌是企业的灵魂，是企业无形的资产。一件产品可以被复制被超越，但品牌是独一无二的；产品可能会被淘汰，但成功的品牌却可以永久流传。这也是为什么前可口可乐总裁会无比自信地说出："即便大火烧毁了可口可乐整个工厂，我依然可以依靠'可口可乐'这一牌子东山再起。"每一个品牌必会成就一种产品，但一种产品不一定会成就一个品牌。卖产品，人们记住的只是这一款产品，而卖品牌，人们记住的则是一系列产品。

"产品营销"的时代早已过去，单纯依靠产品实现突破已经变得不再可能，如今是"品牌时代"，消费者的品牌意识逐渐增强，更加重视品牌的文化意义和情感意义。对于同样功能的产品，在品牌的赋力下，消费者心中就会产生不同的看法，会更感性地选择品牌价值高的产品。

◇ 创造真正品牌价值

品牌不仅是企业的标识、资产，也是企业精神的象征，价值理念的呈现。品牌消费已经成为现在主要消费群体的消费形式，市场中不断涌现出新品牌意味着越来越多的企业意识到，品牌才是未来市场的王道，无品牌的产品无市场。企业要想冲出包围圈，就要提升品牌的价值，向着创造"品牌价值"不断转变。社群作为一种新型业态，同样不能忽视品牌的力量，消费新零售则可以帮助社群创造真正的品牌价值。

一方面，消费新零售帮助社群中的企业塑造品牌文化。品牌不是单纯的商标，它需要被赋予文化内涵，有文化的品牌才能彰显出价值与活力。消费新零售借势文化元素，赋予企业品牌独特的象征意义，可以引起消费者的精神共鸣。但企业不要凭空创造文化元素，尽量选择已有的具有意义的文化元素。例如，中国龙、长城、和平鸽等，这些元素具有独特的文化内涵，是品牌可以利用的宝贵资源，可以提升品牌内在价值，并在消费者心中产生特殊的情感。

另一方面，消费新零售可以增强品牌与品牌之间的联合。现如今，众多的知名品牌都会利用自身在行业中强大的品牌影响力与优势，与其他行业品牌进行协作，从而提升品牌附加值。例如，回力联合百事推出百事款球鞋；华为联合保时捷推出保时捷款手机；大白兔联合气味图书馆推出奶香香水等。企业合作可以帮助双方在新市场迅速确立品牌价值。消费新零售致力于打造粉丝会员化、会员社群化、社群圈层化的命运共同体，能够帮助社群中的企业快速实现品牌联合，强化品牌形象，提升品牌价值。

功能性商业已经过去，精神商业正在来临。在市场中，"产品营销"模式已被历史碾成尘土，品牌模式正在不断崛起，尤其是品牌国际化更是成为市场发展的主流方向。未来，只有拥有品牌，形成品牌附着力，才能在市场竞争中掌握主动权，占据制高点。在品牌洪流中，消费新零售要做的就是给社群使能，引导社群成员创造品牌，提升品牌价值，以使其更好地服务客户，帮助企业走向全新阶段。

第三节 "社群裂变"与"终身粉丝"共存

社群，对很多人来说并不是一个陌生的词，它的出现是为了聚拢有共同兴趣爱好的人。复盘 2019 年，"私域流量"一词再一次将社群运营推向了高潮。尤其是近两年，互联网行业大浪淘沙，一夜之间，有无数新进者取代落后者，投资者越加理性，流量成本不断攀升，低成本的社群运营让人们看到了新希望。通过社群，企业不仅可以积累自己的私域流量，更可以提升社员的信任度，从而形成老用户邀请新用户进入社群的循环链，这一循环链便被称为"社群裂变"。

✧ 裂变是增长的始端

这是一个竞争日益激烈的时代，不甘落后的人，即便忙碌依然对文学、健康、职场、外语等知识信息有着执着的追求。人们因为信息匮乏形成的焦虑感为知识服务创造了市场，互联网中彼此连接的信息更是将这一市场推向了高潮。有书 APP 就是在知识服务行业兴起之际，踏入洪流的早期玩家。

2015年，有书站在了知识服务的风口，凭借独特的产品理念与运营策略，逐渐发展为行业中的中坚力量。据其提供的数据，仅三年时间，有书便实现了从0到3000万的用户增长，"有书"公众号矩阵总用户数达2500万，APP总用户数为500万。此外，有书线上拥有10万个书友群，线下同城书友会遍布中国100个城市。

这种令人咋舌的用户增长是通过社群裂变来实现的。社群裂变在有书的产品以及运营中具有重要作用，有书已搭建超过10万个社群。有书CEO雷文涛表示，社群能够形成一定的学习氛围，为用户带去更多驱动力。

互联网的本质是连接，社群的本质则是裂变粉丝。正所谓："道生一，一生二，二生三，三生万物。"胎儿的发育是从一个细胞的分裂开始，企业市场扩展也是从第一批客户裂变开始。而社群提升用户量，也需要从裂变开始，社群裂变的核心是进行"一传十，十传百"的传播，社群通过活动设计，如分享课程、优惠福利、拼购等，使其在用户的社交网中层层渗透，引导社群内用户拉动自己的好友参与活动，最终获得用户增长和裂变。

总的来说，社群裂变利用的是群体获利的效应，以完成社群内粉丝的快速增长，从而获取流量，实现成长。在社群裂变方面，拼多多具有一定的代表性，它就通过"好友砍一刀"的方式，让用户拉动身边关系网，从而实现用户增长。

此外，需要注意的是，社群裂变背后是粉丝的疯狂增长，但后期粉丝的增长很有可能是"泡沫"，后期的粉丝极有可能只是为了一时的利益而入群，一旦得利就会离开，很难成为"终身粉丝"。

"终身粉丝"才是社群裂变的终极奥义。所谓"终身粉丝"便是指那些忠实不变、一生追随的人，其更多用于"饭圈"文化中。社群也可以打造"终身粉丝"，但这类粉丝大多时候是最初的核心社员，让"社群裂变"与"终身粉丝"共存，让后期增长的粉丝也成为社群忠实用户，才是社群的最终追求。消费新零售可以给社群使能，帮助社群更好地培养"终身粉丝"，在社群裂变的过程中挖掘忠实用户群。

✧ 价值共存，顶级圈层

现实中，很多社群进行裂变时，只是追求一时的用户增长，认为只要维护好最初的核心社员即可，并不去维护后期粉丝。殊不知，这样做会导致后期粉丝的流失，甚至有可能造成核心成员的流失。社群要想真正创造价值，实现跨越式增长，就要做到"社群裂变"与"终身粉丝"共存，将后期裂变的粉丝也变为忠实用户，这样社群才能构建顶级圈层，快速实现商业变现。

首先，传递同等价值。水可载舟亦可覆舟，社群是用户共同建立起来的，社群裂变的粉丝也具有共同的利益，用户自身具有判断能力，他们可以感受到自己获得的价值。社群在裂变过程中要想打造"终身粉丝"，就要传递同等价值，用精致化思维，精准定义粉丝，满足其需求，如此才不会让粉丝失望，从而让粉丝对社群产生信赖感，实现粉丝留存。

其次，阶段式奖励。社群中的用户都是趋利的，阶段式奖励是社群裂变过程中维系粉丝、培养终身粉丝最好的方式。通过阶段性的奖励方式，可以引起粉丝的好奇心，让粉丝对这种小奖励产生一种期盼。当然，需要注意的是，奖励要具有一定的诱惑性，如此才能长久吸引粉丝，留存粉丝。

再次，从卖产品到解决痛点。社群不是一个点、一条线，社群是立体的，要形成一个生态。单靠一次裂变活动，很难实现产品爆发，裂变而成的粉丝群体也难以维系。社群转变思维，从卖产品到解决用户的每一个痛点，对粉丝持续有价值，才能吸引粉丝留存，培养终身粉丝。例如，母婴社群主要是卖奶粉，但是会为新妈妈们提供一些育儿知识，或者解决其遇到的一些问题。如此一来，这个社群就会逐渐成为一个立体生态，粉丝也会逐渐对其产生信赖感，从而成为终身粉丝。

最后，与粉丝共同成长。"终身粉丝"是长期、稳定的，培养"终身粉丝"就要与粉丝共同成长。例如，社群裂变后形成的粉丝群在30岁左右，此时的粉丝需求在一个阶段，10年后，30岁的粉丝群到了40岁，他们的需求会发生转变，社群也要为其发生转变，这样社群粉丝才不会脱离社群，而是长期跟随。

如今的消费市场早已从物质追求上升到了精神追求，旧思想注定无法走出新路，做社群就要懂得转换思维模式。社群的主体是粉丝，"社群裂变"与"终身粉丝"共存是社群长久运行的重要支撑力。消费新零售作为一种全新的消费模式，也意在打造立体生态化的社群。社群以消费新零售为载体，以社群裂变为基点，培养终身粉丝，构建立体化社群生态，才能最终成长为价值巨大的社群体系。

第三部分

5G+消费新零售

第七章
消费新零售的三大突破

这是一个剧变的时代。消费不断升级，线下消费再遭重创，如何看待正在发生的剧变，成为当下市场的一个重大命题。

在这样剧变的时代，企业面临着更多的难题：市场需求下滑，劳动力紧缺、资金链断裂等。但企业更应该看到的另一面是：越是剧变的时代，越是企业实现自我激活的绝佳时机。

此时，突破往往会成为企业寻求生路的正确道路。将这些剧变放在消费新零售的商业模式下来审视，企业才能更好地确定突破的方向和平台，以实现经济的快速复苏。

第一节　从商品经济、市场经济转向社群经济的消费平台突破

人类在原始社会为了更好地生存，以氏族为纽带聚集生活在一起，我们将其称为最原始的社群。随着时代和科技的发展，人们之间有了不同的人际交往方式，有了不同的兴趣爱好、身份、地位、需求和价值观，也不再只以氏族为纽带，而是选择与自己志趣相投的人聚集在一起，形成社群。

与社群伴随而来的是社群经济，与商品经济和市场经济相比，社群经济和消费者有着更为紧密的联系：它与消费新零售完美结合，建立人与人之间的信任，形成共商、共享、共赢、共生的价值观，实现构建社群经济命运共同体的文化使命。

✧ 社群经济会是下一个风口吗？

当你在一条步行街或是淘宝上闲逛，购买了一件你喜欢的商品，交易完之后，你和店主没有任何感情，当你再一次购买此类产品的时候，你也

不会直接在他那里回购，而是会货比三家，直到找到最符合你心意的那家店铺。在这种一次性交易里，你和店家只是买方和卖方关系，这就是市场经济下的交易特点。

当你在购买过程中，觉得某品牌质量、售后等方面都很好，你就会反复购买该品牌，并在反复购买中产生好感和依赖感，这个时候你成了这个品牌的粉丝。但，你只是这个品牌的忠实用户，却不是某一个店主的忠实用户。在这种反复购买的过程中，你和店主或代理商没有任何的情感连接，只是忠于品牌，这就是商品经济下的交易特点。

简而言之，市场经济是以商品为中心；商品经济则是着重于打造品牌，形成品牌效应。但这两者都有一个共同之处：品牌始终是品牌，消费者始终是消费者，前者与后者之间始终存在着利益上的对立。

随着去直销化、非微商化的出现，三无的微商产品被市场驱逐；5G时代的到来，让无数新平台层出不穷，它们有着雷同的模式和供应链；而突如其来的新冠肺炎疫情更让各个企业陷入了困境。这些都让企业在萧条的市场中雪上加霜。

诸多企业已经发现，商品经济和市场经济已经无法帮助他们自救。所以，企业需要有所创新和突破，以适应当下的市场发展，来激活被疫情影响的消费需求。为了自救，企业将目光转向了社群和社群经济，但大部分人都没有真正意识到社群经济的价值。在他们看来，社群只是一个朋友圈卖货的渠道。

实际上，社群是基础设施，企业可以在此基础上嫁接各种商业模式，比如和电商相结合，形成社群电商经济；或是和IP、场景相结合，演变出各种商业模式，以助力企业发展。社群之所以具备这么强的适配性，是因为它始终都是连接人、聚集人的工具。无论未来的商业会发生什么变化，无论我们面对的是AI经济，还是区块链经济，人始终都是商业交易的切入点。所以，社群和社群经济的价值只会变得越来越高。

✧ 社群经济的入局者

为什么社群经济可以帮助企业度过危机，实现自救呢？一方面，社群经济是零成本获客的最佳途径，通过裂变不断涌入新的消费者，社群人员会不断增多；人与人之间的交叉连接，会创造出新的商业机会。另一方面，构建命运共同体是社群经济的使命，从卖货思维到成就别人的共享思维，从冰冷的金钱物质交易到利益共赢的情感共鸣，建立关系链，相互吸引、相互信任，从而形成以人为本的共享型经济。

李女士是一家母婴店的老板，为了加强与消费者的沟通，提高销售量，她建立了一个消费者群，将所有消费者和自己认识的人拉了进来。之后，李女士每天都会在消费者群里推送自己家的相关产品和优惠信息，也经常发一些红包来吸引大家的注意力。

张女士也是一家母婴店的老板，她建立了一个由新手妈妈组成的消费者群。但与李女士不同的是，张女士从来不会在群里直接发任何关于自己店里产品的信息，而是会为群里的消费者搭配一套与自己产品相关的课程体系，专门给家长分享怎么教育孩子，怎么搭配营养，让孩子吃什么、喝什么才能吸收更多营养。

当你同时在这两个消费者群里，需要购买一款母婴类产品时，你是会选择在狂刷产品信息的李老板家购买，还是会选择在分享育儿经验的张老板家购买？

我想答案已经出来了，大部分人应该会选择后者，因为张女士运营的是以人为本的社群经济，所以才能受到广大消费者的青睐和喜爱。那么，我们该如何构建社群经济，推动自身的快速发展，在此次危机中不退反进呢？

第一步：明确相同的价值观。社群是由一群志同道合或是需求相同的人聚集而成，相同的价值观是将他们更好凝聚在一起的黏合剂。因此，社群经营者可以通过文字、口号、活动和行为等不同方式将社群共创、共享、共赢的价值观传递给每一个成员，当一个社群中所有成员都拥有相同的价值观，就会大幅度提升社群成员的认同度。

第二步：构建社群机制。社群的长久存在绝不只是依靠社群经营者频繁发送消息来维持，这对社群经济的发展毫无益处。所以，在发展社群经济的时候，需要社群的全员配合，而自主经营是最能调动起他们积极性的方法之一。经营者可以在社群内指定组织班委，选择组长，根据个人的表现情况进行不同的岗位划分，提升社群的管理质量，从而推动社群经济的进一步发展。

第三步：强化社群成员身份认同，布局线上与线下。社群是人与人之间的聚集与连接，需要在高频的互动和交流中强化。想要更好发展社群经济，就要重视社群成员的参与感，这需要我们策划出多种社群活动，线上线下两手抓，让成员在社群活动中提升对社群和社群人员的认可度。

第四步：鼓励社群成员参与众筹活动。众筹活动是非常适合被运用到社群经济的发展中的。社群中经常会出现多数成员自发组织的活动，利用社群成员发起众筹活动不仅可以解决很多成员遇到的资金问题，还可以利用每次活动让成员之间进行资源互换、利益共享，通过社群的众筹活动实现自己的创业想法，从而推动社群经济的发展。

在消费新零售中，商品经济和市场经济向社群经济转向、突破是必然的。不管是商品经济还是市场经济都是以物为本，重在通过交易获取利益，而社群经济是以人为本，重在共创、共享、共赢，这跟传统商业有着本质上的不同，也是消费新零售商业模式下社群经济的使命和价值观。

第二节　从服务客户的一次性价值转向
服务客户终身消费价值的突破

5G 的到来搅动了本就竞争激烈的市场，那些身处市场漩涡的企业，正在努力寻求转变、突破和升级。对企业来说，最大的发展助力便是消费者。可由于消费者和企业之间没有情感联系，消费者对企业没有忠诚度，品牌对消费者没有吸引力。久而久之，企业无法长久留住消费者，企业经营每况愈下，企业获利越来越少。

怎么增强消费者黏性？怎么获得更多利润？怎么让消费者始终选择你？这些难题成为企业发展道路上始终面临的难题。而消费新零售的到来，则为企业提供了答案。

✧ 围猎一次性价值

在新零售的冲击下，诸多企业为了实现大规模获利，都以挖掘新客户为主，抛出大量优惠方案，吸引了无数消费者购买产品，企业也确实在短期内获得了收益，可优惠期结束，这些消费者便会转向其他企业具有价格优势或质量过硬的产品。像这种情况，企业获得的只是消费者的一次性价值。

为什么企业花了大量的钱做推广和营销，销量却始终不见上涨？其实原因很简单，相同行业的企业越多，竞争越激烈，竞争机制越完善，你的获客成本就会越高。所以，企业想要实现长久盈利，就需要从服务客户的一次性价值转向服务客户终身消费价值的突破。

消费者的终身消费价值是消费者能够为企业带来的所有利益总和，包括但不局限于消费者的综合购买力。消费者的终身消费价值可以用一个公式来概括，即"初期收益＋重复购买的收益＋交叉销售的收益＋免费宣传的收益＋价格敏感度低的收益＝消费者的终身消费价值"。

初期收益是指消费者初期购买产品给企业带来的利润；重复购买的收益是指在一段时间内，该消费者重复购买产品给企业带来的收益；交叉销售的收益是指消费者在同一家企业购买不同类型的产品而带来的收益；免费宣传的收益是指消费者向周围的亲朋好友推荐该企业产品而给企业带来的收益；价格敏感度低的收益是指消费者对企业有着极高的认可度，需要购物的时候会及时下单，而不是要等到降价或促销才选择购买所获得的收益。

从这个公式中不难看出，转向消费者终身消费价值不仅可以降低消费者的体力成本和时间成本，也可以降低企业的营销和广告等运营成本。所以，在消费新零售的商业模式下，企业要不余遗力地增加消费者的终身消费价值，那么，如何经营才能将消费者的一次性价值变成终身消费价值是企业亟须思考并进行的事情。

◇ 如何迈进终身消费价值时代

建立忠诚度的长线产品、改变消费者的固有认知、建立与消费者的情感联系是实现从一次性价值转向终身消费价值突破的三部曲。

第一，建立忠诚度的长线产品。消费者终身消费价值的建立是一个长期、循序渐进的过程，从了解、接触、购买、使用到服务，一直到终身选择，这对企业和产品来说都是一个长期的考验，要求企业用发展与战略性的眼光去规划。可是，很多企业都没有完成这个考验，也没有完成消费者从一次性价值转向终身消费价值的突破。

想要实现从一次性价值转向终身消费价值的突破，企业要做的第一步就是生产可以让消费者逐渐产生忠诚度的长线产品，减少短线产品的生产，将产品的实施周期、与消费者的接触周期和服务周期延长，在周期内让消费者感受到产品和企业的魅力，同时建立严格的产品测试、质量保障与应急机制，以保证产品质量。

第二，改变消费者的固有认知。让消费者认可并选择自己生产的长线产品是企业实现一次性价值到终身消费价值突破的第二步，也是先决条件，但不要认为生产出长线产品就可以提高消费者的终身消费价值。企业在进行产品推广和销售之前，要先向消费者完整传递产品的逻辑和目的，让消费者对产品的认知和诉求形成共鸣。

企业想要改变消费者原来的认知，可以通过两种方式来实现：一是转移消费者对产品原本的关注点，创新产品特点；二是改变消费者对产品渠道的认知，开发新的小程序或是APP，并提供全面优质的服务。

第三，建立和消费者的情感联系。企业要结合自身的资源优势、产品优势和社群优势等多种要素，对资产进行积累和整合。在积累和整合的过程中，树立共创、共赢、共生的价值观，凸显正心正念、正行正果、利他利众的经营理念，和消费者形成精神上的共鸣。

当消费者和企业拥有精神上的共鸣、相同的价值观，情感自然就会产生。情感联系永远是最有力的武器，情感黏度越高，越能留住消费者。它可以让消费者在众多产品中始终相信你、认可你、选择你，把你的产品变成自己生活中不可或缺的一部分。

从一次性价值转向终身消费价值的关键是要将以消费为导向落实到每个环节当中去，贯穿企业经营活动的全过程；也要求我们在消费新零售的商业模式下，与消费者进行有效的沟通，形成相同的价值观。此外，在社群经济的助力下，当企业完成了从客户的一次性价值转向终身消费价值的改变之后，就要开始从经营产品逐渐转向服务客户的体验感、荣誉感、价值感、责任感与使命感的突破，以实现消费新零售的三大突破。

第三节　从经营产品转向服务客户的体验感、荣誉感、价值感、责任感与使命感的突破

　　商业的成败在于经营，经营的成败在于能否吸引并长久留住客户。随着市场的发展，"生产""商品""优惠"这些关键词都已经无法吸引并留住客户，他们已经从单一的物质消费渐渐转向物质和精神双重消费。这要求企业不仅要满足客户的物质消费，更要着眼于大众日益增强的精神和文化需求，如此才能在激烈的竞争中胜出。

　　在新零售时代下，随着消费升级，每个企业都在适时调整战略。对企业来说，转换经营思维是首要任务。积极拥抱客户，从传统的经营产品转向服务客户，是消费新零售商业模式下企业首要思考的事情。

✧ 产品与服务的博弈

　　传统的企业以产品为中心，将经营产品作为发展重点，通过产品交易来实现企业的商业利润，通过技术创新、营销推广等经营活动获取产品的经营利润，企业将客户看作销售对象。站在企业经营的角度上，企业和客

户只是"我卖你买，我生产你使用"的关系。但随着经济环境的改变，服务客户成了企业发展的重要目标，企业开始实施新一轮的服务革命，提出了新的服务方向和理念。

在消费新零售的商业模式下，客户成为企业产品和服务的消费者，是企业经营活动的重要资源，也是企业经营活动的核心，更是企业经营服务链上的重要连接点。所以，企业的经营核心必然要顺应市场发展，转向客户本人，挖掘其多元化需求，最终实现客户的体验感、荣誉感、价值感、责任感与使命感的突破。

那么，如何理解从经营产品转向服务客户的体验感、荣誉感、价值感、责任感与使命感的突破呢？站在企业价值角度上就是企业帮助客户最大限度地减少成本，在实现价值和增值过程中，提升企业自身价值，并促进客户增值，最终形成一个以客户为中心的双赢生态圈。

企业要清晰地知道经营产品与服务客户的体验感、荣誉感、价值感、责任感与使命感有着本质区别：经营产品主要是以产品为出发点而引发的一系列营销过程，是从产品到客户的单项交易过程。虽然在此过程中，企业也会强调客户体验感等感受，但本质依然是围绕着产品经营。服务客户的体验感、荣誉感、价值感、责任感与使命感则是以客户为中心，以服务客户为本质，将客户融入到企业产品的生产环节中，进而将其变成企业的核心生产资源。

服务客户不是手段而是目的，我们提出从经营产品到服务客户的突破不是权宜之计，而是企业在消费新零售的商业模式下可以先人一步，为自己和客户创造最大的价值，实现商业升级。

◇ 服务客户的商业机遇

客户服务的经营实践如火如荼，在消费新零售商业模式下，市场、客户和企业的维度和重心都不同于以往。企业对消费新零售的探索已经不再只是为实体零售寻找新的利润池，而是要与未来一同进化，打造消费新零售格局，促进消费业态再升级。

那么，企业如何实现服务客户的体验感、荣誉感、价值感、责任感与使命感呢？

第一，以体验为导向，增强客户的体验感。企业可以为客户打造量身定制的产品和服务，当产品和服务被定制化，便能实现价值最大化，从而最大限度地满足客户的需求。

企业可以线上线下同步开展，在线上打造产品的文化附加值，给客户全方位的产品选择，在线下为客户提供良好的服务体验，同时注重产品售后和服务，解决消费者在售后方面的后顾之忧。

第二，以精神为方向，满足客户的荣誉感。企业要认识到客户在消费的时候既是理性的，也是感性的。一般来说，客户在消费的时候经常会进行理性选择和消费，可同时，他们也会拥有对狂想、冲动和感情的追求。

所以，企业在转向服务客户的时候，要将产品打造成拥有高附加值的产品，让客户在使用的时候，可以随时彰显其地位、身份和品位的与众不同。企业可以从产品的精工细作、打造品牌文化价值等方面入手，让客户愿意为产品支付高价钱。

第三，以感知为重点，实现客户的价值感。在市场中，产品的价格是由价值决定的，而影响价值的关键因素是价值感。人们有时候买的不是产品，而是价值，客户希望在消费过程中实现一定的客户价值。而客户价值来自客户自己的感知，也就是对产品进行分析，权衡自己所付出的金钱和自己所得到的利益是否成正比。

客户的价值感带有很大的主观性，所以企业可以通过对产品优势的细节描写，利用文字的魅力向客户传达产品的价值，比如小米体重秤"100

克，喝杯水都可感知的精准"这样的宣传语。企业也可以通过对比来凸显价值感，可以利用自身产品的强项来向客户传递"我的产品更值得你购买"的信息。

第四，以社群为媒介，培养客户的责任感和使命感。企业在完成了消费平台和客户价值的突破后，很多客户都成了企业的忠实用户，有的甚至成了产品生产的参与者。

这个时候，企业依旧要以社群为纽带，以社群经济为结构，将客户凝聚在一起，向他们传递共商、共享、共赢、共生的价值观，将使命感和责任感融入到产品中，从而传输给客户。

以上是企业从经营产品转向服务客户的体验感、荣誉感、价值感、责任感与使命感突破的正确步骤。当经营产品向经营客户转变，服务客户便成了经营中最重要的一环。当前，诸多企业开始将重点转向服务方面，同样，消费者对于服务的优化也十分看重。所以，在当下的经济背景下，企业要紧跟客户需求，紧抓消费需求，不断探索消费新零售的未来之路。

第四节　打造粉丝会员化、会员社群化、社群圈层化的命运共同体

　　近年来，"共同体"一词频繁地出现在我们的视线中，如社会共同体、经济共同体、科学共同体和经贸共同体等。"共同体"仿佛在不知不觉中融入到了我们的生活中。

　　"共同体"一词最早来源于德国社会学家斐迪南·滕尼斯，他将"共同体"从社会概念中剥离出来，他认为"共同体"是以共同理解为前提，以血缘、情感、地域或伦理为纽带，将人凝聚在一起，形成关系紧密、互帮互助的有机体。这个有机体内的成员有着相似的传统习惯、相同的是非观念和一致的三观。当三观一致的人相聚在一起，便能实现同频共振，达到灵魂契合。

✧ 从"共同体"到"命运共同体"

　　今天，在全球化和信息化的影响下，"共同体"不再只是以血缘和地域来划分。互联网技术让原本毫不相关的个体有了连接，形成"脱域的共同

体"，我们也可以将它称为"社群"。

社群是由一群有着相同兴趣、态度、爱好和三观的人所组成。随着交流的不断深入，社群成员之间的情感连接逐渐增强，共有价值观念逐渐深入人心，大家为了实现相同的目标团结在一起，形成"命运共同体"，最终实现合作共赢。

随着社群的形成和发展，以地域关系为基础的"共同体"逐渐演变为以情感为纽带的"命运共同体"。从"共同体"到"命运共同体"是概念的重塑，是在概念意义上形成的一种新的规则。

一方面，"命运共同体"继承了"共同体"的核心思想和主要内容，仍然是将整个社会关系、社群关系看作共同生存和发展的有机体。

另一方面，"命运共同体"从以追求个体情感和利益为主的"共同体"转向整体命运共存、利益共享的社群，向外界传达了共商、共享、共赢、共生的价值观和正心正念、正行正果、利他利众的理念。

作为一个顺应时代发展的话语符号，"命运共同体"不仅为企业重新设定了行为动机和目标，还为重构社群结构指明了方向。但是，只有"命运共同体"这个词语不足以建构起更深层次的有机体，还需要通过载体来建立全新的认知和架构。

✧ 新商业模式下的命运共同体

在消费新零售的商业模式下，企业的"命运共同体"是通过打造粉丝会员化、会员社群化、社群圈层化来实现的，在此过程中，企业也将不断向消费者传递共商、共享、共赢、共生的价值观。

在市场中，会员体系曾经风靡一时，大到零售、电信，小到美发、餐饮，都在运用会员体系维护消费者关系。如今，会员体系同质化经营现象严重，消费者流失率高，企业的获利空间逐渐缩小。在此背景下，企业想要创造持久性的商业收益，必须打造出差异化的会员体系，而粉丝会员化是当下消费新零售商业模式下具有强大优势的体系之一。

在消费新零售商业模式下，粉丝会员化是打造命运共同体的第一步。在粉丝经济中，粉丝的交流和消费是通过情感来驱动的，核心在于激发粉丝内心的热情，无论是产品还是营销都是围绕着粉丝进行的。同样，粉丝会员化也是从消费者的情感出发，让消费者从一开始就被喜欢的产品吸引而加入，挖掘消费者的情感点，并延续加强该情感点，最终运用感性因素，吸引粉丝加入会员。

会员社群化是打造命运共同体的第二步。会员社群化是将有着共同利益和兴趣的会员连接起来，形成社群，在社群内进行互动并产生内容。会员社群化的本质是建立起消费者信任的高效方式，也是企业最贴近消费者的思维模式。

当实现了粉丝会员化和会员社群化之后，就到了打造命运共同体的最后一步——社群圈层化。社群圈层化以社群领袖为中心，社群粉丝则围绕社群领袖呈现出层级化递进的关系，从最初的盲粉到铁粉，从铁粉到钢粉，从钢粉到金粉。在这个递进过程中，社群领袖不断释放自己强大的领导力，最终促使社群成为命运共同体。

人的圈层通向商业的圈层，企业在自己的圈层里，要学会与消费者建立更紧密的联系，打造一个"命运共同体"，形成一荣俱荣、一损俱损的关系。如果我们能在消费新零售的商业模式下先人一步，主动、自觉地引导发展，那将会对企业的发展和转变产生突破性的价值和意义。

第八章
消费新零售的四大优势

面对瞬息万变的市场环境和不断变化的市场规则，创业者在创业过程中会遇到很多问题。消费新零售模式下，新一轮的创业热潮出现，面对层出不穷的消费新风口，创业者这次能抓住机会吗？

飞蛾扑火注定灭亡，而抓住机遇往前冲就容易赢得先机。本章节通过阐述消费新零售的四大优势，为创业者创业提供保障，让创业者创业无后顾之忧。

第一节　零门槛，人人都是分享者

"信息爆炸""快准狠""在线购物"无一不是当下消费时代的热词，当 80 后、90 后，甚至 00 后已成为这个时代的中坚力量时，你还在选择犹豫不前吗？消费新零售的到来是创业者的又一新机会，未来的一切交易都将通过信息交互来完成，人人都是分享者也是获得者。

想在当下的消费时代中脱颖而出，势必要紧跟消费新浪潮，参与其中才能领略其魅力。放眼望去，每个人都有创业的心思，却不知道创业的方向。

✧ 犹豫就会败北，果断才有机会

成功是少数人的果实，更是对果断者的奖励。消费时代，瞬息万变，每一秒钟都有无数的成功与失败发生，站在浩瀚的商海之中，不参与注定不会有机会。

经济快速发展，竞争压力不断加大，普通人创业的机会越来越难得。传统零售的弊端不断显现，一方面传统零售强调实体经营，无论是开门店还是找员工都需要大量成本投入，创业成本高；另一方面传统零售所覆盖的消费人群有限，就近原则会流失大量的潜在用户，不利于开发市场。

尽管传统零售玩家也不断转型，力图打破发展瓶颈，但随着时间的推移，人们消费时所选择的渠道越来越多，传统零售仍然无法轻松应对。而消费新零售处于 2020 年这一具有历史转折性的年份，时代的烙印总是深刻的，面对消费升级，消费新零售的门槛更加趋向于零。

消费新零售的"零门槛"体现在两个方面：

一是投入低，创业成本几乎为零。消费新零售将卖场更多地转向线上的社群平台，通过社群平台将产品最大化地展示出来，节省了之前只有开实体店或网店才能创业的成本。

二是覆盖广，宣传成本几乎为零。万物互联时代给了创业者更广泛的发挥空间，消费者遍布每个角落，创业者通过社群平台便可以轻松获得众多潜在用户。现在的消费者吃"软"不吃"硬"，硬塞给他们的商品很难得到好评，所以要选择用让消费者更为舒服的方式进行宣传。消费新零售以人为中心，以社群平台为突破口，以更温和的方式宣传产品，大大提升了消费者的接受度。消费者将自己的产品体验分享出去，产生裂变，大大降低了宣传成本。

消费新零售是一场效率与时间的革命，是更便捷、更有参与感的零售。零门槛让每个人都有机会抓住机遇，学会有效运用平台优势，成为下一个成功创业者。

✧ 人人分享，打造消费共同体

比尔·盖茨曾说："永远不要靠自己一个人花 100% 的精力，而要靠100 人花每个人 1% 的精力。"商家单纯地靠自身实现产品的买卖是十分困难的。如果做到让消费者也参与其中，通过不断分享来实现产品价值转化，对于商家而言有着事半功倍的效果。

通过消费新零售的平台不仅可以拉近商家与消费者的距离，还能实现心与心的沟通。消费新零售将充分发挥社交网络的价值，通过分享实现交易，人们乐于分享也乐于接受。

首先，打造优质产品，获得消费者信赖。消费新零售的根本仍是零售，零售的意义就是卖掉产品。产品的品质决定了它的价值，产品做得好，就越容易产生交易。打造优质产品，让消费者对产品满意，产生信赖，从而主动将产品分享出去，让更多的人购买。

优质产品的产生离不开生产者的精心研发，平台商家紧跟消费变化，实时关注消费者新需求，从而从众多产品中选择最优质、最适合消费者的产品，走在消费者的前面，获得主动权。

其次，拓宽消费者的分享渠道。单一的分享渠道势必会忽略一部分潜在用户，除了将目标放在微信等社交平台之上，也要关注更多的互联网分享渠道。商家将产品投放到不同的平台之上，拓宽消费者的分享渠道，打破各平台之间的限制，使产品信息遍及每一个人，有助于打造新爆品。

最后，让消费者有参与感。让现有用户从消费者向消费商转变，实现人人分享，人人消费，打造共同体。通过裂变、利益驱动模式，抓住潜在人群。有利益就有人参与，消费者分享商品从而获得利益，实现身份的转变，进一步为产品引流，提升购买量。消费新零售的优势在于依托消费者在社交平台上进行分享传播，商家获得利润的同时也收获了更多用户，消费者分享的同时也获得优惠，参与其中，实现共赢。

消费新零售通过产品、消费者与商家之间密不可分的联系，实现人人都是分享者。未来的消费新零售离不开每一个人的努力与参与，零门槛是机遇，人人分享是手段，二者缺一不可。

第二节 云储存，不做压货的创业

物联网的快速发展，加速了线上消费的成交速度，给创业者提出了更高的创业要求。对于创业者而言，传统零售企业生存成本高，经济周期的波动加上人工与储存成本，让众多创业者不敢跨出第一步。消费新零售通过打造"云仓储货，一键代发"的管理方式，帮助创业者实现轻资产、轻创业，给予了创业者更多机会。

消费新零售打开了零售行业的新窗口，实现了线上线下渠道一体化，给新生代创业者提供了更多机会。告别传统零售企业的发展模式，消费新零售运用云仓储货的管理方式，能够实现"一键代发"，为创业者解决"货物积压"的痛点，减轻创业者创业初期的压力，让创业者能轻轻松松地实现创业。

◇ 压货究竟击垮了多少创业者？

无论是传统零售企业还是传统微商，要想事业先起步，必然需要先囤货。产品卖得出去还好，若卖不出去，产品积压在仓库里，就是变相占据了创业者的经营资金。一旦经营资金周转困难，创业者很容易创业失败。

那么，压货究竟会给创业者带来哪些弊端呢？

首先，压货压到最后压掉的是生产商的利润。生产商在生产产品时会压货，用来保障后期供应。生产商最初压货是为了抢占零售商的资金和库存，通过压货提高经营资金的流动性，并获得更多收益。

压货对于生产商的危害是连带性的。生产商可以决定压货的数量，但无法决定零售商对产品的处理方式。零售商在卖不完积压的货物时，便自行降低产品价格销售，导致压货后出现乱价现象，打乱生产商的压货规划，影响生产商的利润。利润没有了，即便拥有完美的销量也无法支撑生产商的后续发展。

其次，压货压垮的正是新生创业者。对于新生创业者而言，资金周转慢，压货占据经营资金，不利于创业者的进一步发展。新生创业者没有丰厚的资金支撑，无法直接到厂家进货，只能选择二批商。

新生创业者进货量小，没有办法从厂家拿到最低进价，这时从二批商那里进货似乎更划算。然而长此以往，新生创业者始终停留在最基本的生存阶段，很难促进创业者做大做强。

最后，有压货就有退货，有退货就会增加成本。压货时往往压的是新产品，零售商并不能每次都能确定这次产品没有问题，因此一旦出现问题就会产生退货现象。退货意味着需要花代价处理，退货渠道的选择耗时耗力，退货期间影响正常销售，这都间接增加了成本。

因压货而产生退货，又因退货产生大量其他问题，零售商的正常销售时间被占据，影响销量，压货卖不出去形成一个恶性循环。因此压货是不利于创业者前期发展的，一旦掌握不好压货量，就会击垮创业者。

通过对压货弊端的分析，可以看到在消费不断升级的今天，云储存将是未来企业的发展方向，也是未来创业者的机会。

◇ 云仓储货，一键代发

随着物流运输的快速发展，线上线下消费变得更加畅通，消费者在消费时更加追求高效率，因此对于商家的要求也逐渐提高。

市场与消费者需求的不断变化让创业者面临着各种各样的痛点。一方面库存积压与库房租赁增加了创业者的创业成本；另一方面消费者追求高效率，使创业者需要更高效的全方位服务与之匹配。

消费新零售通过构建"云仓储货，一键代发"的管理模式，直击创业者创业痛点，从创业者需求出发，切实解决创业难点，激发创业者动力。

第一，云储存有利于实现创业零成本。创业者创业前期资金相对匮乏，节约资金对于创业者而言最为关键，无极云商的"云储存"优势，解决了创业者需要租赁库房和积压产品的问题，从而降低了创业成本。

第二，云储存有利于实现库存管理便捷化。商家在管理库存时多多少少都存在缺陷，产品种类繁多，数量庞大，需要精细化的管理才能不出错，然而商家并不能将所有心思放在库存管理上。"云储存"是专业且便捷的管理系统，通过该管理系统，商家能够及时查询产品库存与产品信息，及时为消费者提供有效产品，同时还能够及时处理滞销品。

第三，云储存有利于实现员工管理系统化。创业初期员工较少，每个员工所负责的工作版块较为复杂，无明确分工。无论是处理订单还是与消费者沟通，都需要消耗时间反复确认，当订单变多时，员工就更难应对，容易出现错误。"云储存"管理系统能自动识别订单，并对订单的详细信息进行汇总、分类和处理，实现全程跟踪，减少员工的工作压力。

第四，云储存有利于缩短消费周期。无极云商云仓储存的产品遍布全球，在消费者下单后，云仓便能实现"一键代发"，通知距离消费者最近的库房发货，让消费者尽快拿到购买的产品。及时高效的服务是当代快消时代的标志，有利于增加消费者的满意度。

"云仓储货，一键代发"系统有强大的技术支持，能够为创业者提供最专业的仓库管理及员工管理服务。未来的消费发展趋势是快捷与准确相结合，高效的服务与专业的技术是赢得消费者的关键。

第三节　自流量，引爆全明星产品

随着消费渠道与营销的不断变化，大量"新品牌"迎来了全面爆发，新锐品牌有了更多成长的空间，并得到了快速发展。同时，消费新零售的出现使线上线深入融合，给了商家更多获取流量的机会，这是引爆全明星产品的新契机。

随着互联网的深入发展，各大平台都在寻找流量，试图赢得流量红利。快消时代下，流量持续向碎片化的短视频平台聚集，短而优的内容是赢得用户时长的关键。在消费新零售模式下，创业者可以持续创作和产出高质量内容，引爆全明星产品。

✧ 持续输出内容，让流量不请自来

随着行业竞争的逐渐加剧与消费者本身的价值需求的不断上升，消费者越来越注重获取高质量的内容，内容经济的地位不断提升，依托内容获取流量成为未来消费新零售的发展趋势。

对于当代消费者而言，产品的价值不再单单体现在性能上，产品所衍生出的内容更具有吸引力。要想吸引住消费者的目光，需要有优质的内容产出，商家通过输出有趣的内容，将消费者的目光吸引到产品之上，有了消费者的关注，流量自然而然就多了。

当代年轻人喜欢精致的生活，越来越多的消费者分享好物时会采用PLOG（网络流行语，指以图片或照片的形式记录生活及日常）和VLOG（Video Blog，即视频博客）的形式，通过"图片＋文字"或者视频的形式，生动形象地展示产品。在自媒体时代，越来越多的素人可以通过产出优质的内容获取流量，成为大V甚至红人。

消费新零售的自流量优势与创作优质内容相辅相成。优质内容的打造是为了获取流量，从而引爆全明星产品，实现流量成功变现。

持续性输出内容是获取流量的最稳定方式。消费新零售持续性输出内容的要点，主要包括以下三个方面。

首先，内容输出要以消费者为中心，直击消费者痛点。商家在关注流量变现时，要抓住当下"热搜"，实时关注最新话题，从消费者出发，与消费者建立最为紧密的联系，如此才能确保内容输出后形成自发传播的效果。

此外，内容输出要精准定位，个性化输出更有利于获取流量。精准化定位能够快速获取小众人群青睐，拥有小众人群之后有利于带动大众人群，形成内容输出的裂变，从而赢得更多流量。

其次，充分发挥"红人"的带货能力。消费新零售倡导打造社群领袖，充分发挥社群领袖的引导作用，从而凝聚更多的社群会员。社群领袖的打造是从小变大的，由"小V"逐渐向"大V"转变升级。"红人"效应会引发一波消费者关注，商家需抓住机会，通过自身的内容输出，将别人的流量转化为自己的流量并实现留存。

最后，选择可引发内容传播裂变的平台进行持续性内容输出。随着去中心化的消费模式的崛起，商家越来越重视私域流量，私域流量的自由度与不付费优势可以让内容输出的限制变少，如微信。消费新零售可以直接接入微信朋友圈，帮助社群会员直接进行持续性、高质量的内容输出。另外，短视频平台也是可引发内容传播裂变的平台，短视频用户时长飞速增长，流量持续向可视化、碎片化的短视频平台聚集，消费新零售也可以接入各大短视频平台，帮助社群会员快速实现流量变现。

引发自流量打造明星爆品，离不开优质的内容输出。创业者要抓住内容输出的三个方面，从内容出发，实现流量的获取。面对不断变化的消费市场，消费者给商家提出了更高的要求，要想在市场中赢得一席之位，商家聚焦的重点不仅仅是产品本身，也要在产品附加值上下足功夫。

◇ 打造 KOL，引爆全明星产品

2020 年是商家与消费者快速成长与变化的一年，消费者的购物习惯进一步改变，消费主力人群趋向年轻化，偏好差异化明显。消费新零售的主导力量向 95 后过渡，较高的接受度与包容度让他们成为新品牌聚焦的核心人群。

他们更愿意为自己的"喜悦值"支付高溢价，勇于尝试新事物与满足自我的消费观念给了新锐品牌更多的发展机会。因此他们的强劲消费力、"悦己型消费观"为引爆全明星产品提供了丰润的土壤。

年轻人在购买产品时，往往会参考相关行业 KOL（Key Opinion Leader，关键意见领袖）的推荐。因为 KOL 观念开放，且接受新事物快，这种性格特征与当代年轻人不谋而合，因此 KOL 总是能够引领新生代消费潮流，推荐一些令年轻人喜爱的产品。

因此，想要吸引更多年轻的消费者，创业者需要努力提高自身素质，迅速成长为让年轻人信赖的 KOL，运用 KOL 对年轻粉丝的影响力，吸引更

多流量，引爆全明星产品。

那么，创业者如何才能成为 KOL 呢？消费新零售平台能够为创业者提供切实有效的帮助，它对 KOL 的打造是循序渐进的，并且多方位触达，能够让引流更为广泛化。

第一，利用头部 KOL，即名人打造品牌声势。当前的消费营销格局产生巨大变化，名人逐渐成为内容传播的核心载体，名人的价值也在被放大，因此在消费者决策时，KOL 逐渐成为关键一环。名人的"种草"效应能缩短消费者从决策到购买的时间，将名人作为头部 KOL，作为引爆全明星产品的铺垫，能够夯实品牌基础。

第二，打造社群领袖，实现产品传播的全面开花。社群领袖是引领社群经济发展的关键。通过社群领袖的引领，让更多拥有共同认知与价值观的消费者抱成团，建立起消费者对产品的信任，从而形成自发运转，实现产品传播的广泛化。消费新零售平台打造社群领袖是通过小 V 传播，引发社群带货，将产品打造得更为贴近生活，有利于新品牌的二次传播。

第三，路人及粉丝的跟风分享，形成自发传播，营造产品全民购买的氛围。当头部 KOL 成功进行品牌声势打造之后，凭借 KOL 对粉丝的影响力，会自然而然地引发一波粉丝对产品的分享，分享得越多，路人被"种草"的可能性越大，从而形成产品的快速传播，使新品牌成为全明星爆款。

在当前的消费模式下，消费者消费更加情绪化，流量的转化方式变得更加多样化，商家通过对接不同的 KOL，进行多平台投放，缩短消费者购买时间，提升消费转化效率。通过流量转化与 KOL 的打造，引爆全明星产品不再是商家的遥远梦想。

第四节　全球化，将市场推向世界

万物互联时代，世界各地之间的联系变得更加紧密，消费市场也被更多地开发出来，消费者有了新的消费需求，期待实现更广泛的交流、购买到更优质的产品、享受到更好的服务。想要获得更多消费者的认可，企业就要将目光早一步投向世界市场。

✧ 万物互联，你的市场是整个世界

随着我国新零售企业在世界上的影响力日益增强，中国的市场力量将进一步进入世界市场之中。国际消费结构正在逐渐发生变化，消费者的消费需求正朝着更高的体验性方向发展。全球消费升级对企业提出了更高的要求。处于万物互联互通的时代，企业应将市场目光投向整个世界。

全球视角是未来企业所必备的，正所谓放长线才能钓大鱼，于企业而言，"全球视角"是长线，"世界市场"就是大鱼。面对复杂多变的消费环境与万物互联的现状，企业该如何准确把握发展方向呢？

首先，创新是永恒的动力。每一个企业都是独一无二的，只有做到独特，才能真正地吸引到消费者。创新是企业发展的动力，只有不断创新，企业才能拥有更广阔的未来市场。

万物互联，消费需求在不断变化，市场竞争愈演愈烈，与其被动地在消费者与市场之后追逐，不如主动用创新赢得消费者与市场的青睐。企业要以"变"应"变"，用创新意识来应对快速变化的市场环境。

其次，善于发现新事物。随着全球消费观念的不断改变与消费市场的不断发展，消费主力群体不断向90后转变，这是一股强劲的消费动力。万物互联之下，消费者有了更多了解新事物、新产品的机会，对新生事物的接受程度日益提高，这正是新生企业成长的绝佳机会。

新事物的发现需要企业实时关注国际市场变化，善于思考，抓住市场机会。另外，企业发现新事物需要从自身出发，自己所认同的新事物才能更好地被消费者接受和认可。

最后，注重品牌口碑的打造，树立匠心精神。品牌口碑好的首要前提是产品品质绝对优质，企业要将品牌推向全世界就更不能忽视对产品品质的把控。产品的优良品质是企业将其推向消费者的敲门砖，消费者的满意度是企业赢得口碑的基础。

面对万物互联的世界，品牌口碑的打造也有新变化。在互联网的浪潮之下，世界的连接日益紧密，世界各地的消费者交流更加顺畅。因此，企业要更加注重消费者的体验感，为消费者提供个性化的优质服务，并借助万物互联的优势，让消费者评价产生裂变，以赢得更多消费者的信赖。

与世界对话是未来企业发展的目标，引领全球市场是未来企业的发展方向。消费新零售放眼于整个世界，从全球视角出发，将市场真正扩展到世界，为企业的生存与发展提供有力支撑。

✧ 一部手机，做全球市场

互联网的不断发展让世界范围内的沟通变得更加便捷，无边界的沟通与交流成为人们生活的常态，越来越多的人使用社交软件，这就意味着企业可以通过互联网与世界各地的消费者连接，信息交流更加通畅快捷。

在消费新零售模式下，智能数据化管理能够有效帮助创业者实现一部手机打通全球市场。

第一，任何场景下都能实现一部手机办公。随着物联网与互联网的深入发展，人与人之间的沟通不再被距离和地点所限制，创业者只需一部手机就能够做全球市场。消费新零售的智能数据化管理系统可实现电脑端与手机端的互通互联，即便不在办公室，也能轻松实现高效办公。商家不再受到地域的限制，任何场景下都能为开拓市场及时做出决策。

第二，随时捕捉全球消费者信息，及时感知消费者需求，真正做到以消费者为中心。5G 的快速发展让世界网络变得更加流畅，消费新零售能提供强大的技术支持，将所有消费者信息进行数据化管理，随时随地供商家查询，使商家避免了记错消费者信息的尴尬，让消费者真正地感受到商家的真诚服务。

在消费者收到货并完成评价后，商家通过手机即可第一时间收到反馈并与消费者进行即时互动，让消费者随时感受到用心的服务，激发消费者潜在的消费需求。用一部手机及时与消费者进行连接，有助于加深消费者的参与度，提升消费者对产品乃至对品牌的情感依赖，从而帮助商家将产品推向世界。

第三，将智能供应链数据进行可视化处理，能够随时转接到手机上，以简单易懂的方式展现给商家。商家只需要通过一部手机，就能让查询数据简单化，从而轻松掌握产品供应链的各项信息，随时随地进行管理。当商家决策变得简单化时，工作效率就会大大提升，从而为后续开拓新市场赢得先机。

消费新零售结合消费者与商家的不同需求，通过技术手段使消费者的消费行为与商家的经营行为更为简单化，帮助消费者实现人人都可通过一部手机完成交易，帮助商家实现用一部手机做全球市场。

第九章
消费新零售的"五网一链"

随着移动互联网、物联网、大数据、人工智能及物流技术的快速发展，消费者的消费需求在不断提高，消费模式也在发生变化。面对技术的升级与消费者的高要求，企业更应该与时俱进，用最优质的服务获取消费者的好感。

消费新零售通过打造独一无二的"五网一链"，为企业提供全方位的指导，助力企业重获新生。

第一节　社群网：逐个突破

互联网思维的觉醒改变了传统企业的惯性思维，传统的社交网营销模式已经逐渐被舍弃，取而代之的是消费新零售。今天，消费新零售以全新的社群网方式进入大众视野，为消费者提供了线上购买、线下验货的购物方式，同时还帮助企业重新定义了新零售的商业方向。

◇ 那些火爆的营销模式还适用于当下吗？

在这个消费升级的时代，消费者的网上购物渠道逐渐从京东、天猫的传统电商过渡到拼多多、小红书此类的社交电商。近年来，拼多多、小红书和微信这样的社交网营销模式帮助众多企业实现了利润的增长和知名度的提升。但随着时代的发展，这种社交网营销模式还适用于当下吗？

拼多多作为电商界的黑马，从问世到上市仅用了短短三年时间，它将电商建立在社交网络之上。消费者通过拼多多 APP 和亲朋好友一起"拼团""砍价"，就能用低廉的价格买到商品。但商品到手之后，一些消费者发现，拼多多只做到了价格低廉，却没有做到商品优质。

小红书作为较早的社交营销平台之一，其经营模式成熟且稳定。但对营销者来说，小红书也并非最好的营销平台。在经过了几年的发展之后，小红书上的各类标签都已趋近完善，想要以品牌关键词获得大量关注是非常困难的。在入驻小红书初期，企业能获得的流量是非常有限的，如果想要在小红书进行推广，则需要花费一定的资金来获得流量和关注。

除此之外，微信也逐渐成为电商平台，其中微商产品最为广泛。很多宝妈、上班族和学生也会加入到微商营销队伍当中去，但因为手头事情过多，对产品的描述、图片的美观都无法做到尽善尽美，并且长期、频繁地发朋友圈，遭到了很多人的拉黑和屏蔽。此外，微商人员的低文化、低学历、低水平的门槛和产品的"三无"的问题让微商这一行业受到严重冲击。

那么，当企业无法从社交营销中获得利润时，企业又该如何在危机中自保，并以此为契机获得更多盈利，打响品牌知名度呢？

想要在这个变化的时代里赚到钱，就需要将目光放到消费新零售中去。因为消费新零售摒弃了这种传统的社交营销，将社群网作为新型的营销模式。在消费新零售中，社群网是以社群为单位，通过构建经济命运共同体，最终形成社群圈层化的商业方向。

✧ 越在危机中，越要赚大钱

与拼多多和小红书这种传统的社交营销相比，社群网主要是以社群为纽带，通过社群联盟向亲朋好友分享产品，通过与时俱进、不断创新的社群网创造出消费者五感体验的线上线下有机结合的消费场景。可以说，社群网作为营销渠道更为简单、直接且有效，将自己的客户和好友组织起来，最终形成一个小而强的存在。

企业运用社群网强大的社交功能，便能够快速进行产品推广，进而扩大知名度。消费新零售就是以社群网为核心的分享平台，是人联网、物联网、互联网"三网合一",应用 5G、人工智能、大数据进行技术支持,它可以同时为消费者和企业提供专业、精准的服务。

第一,吸粉锁粉、裂变找人。消费新零售平台是客户与企业沟通的重要桥梁,也是客户多方位、深层次去了解企业发展的重要、直观的渠道之一。企业要及时向客户传达企业的情况,比如是否有推出全新的产品,对于一些相关的产品活动,可以征集客户的意见和建议,拉近彼此的距离。只有这样才能吸引粉丝,并留住粉丝,最终实现老粉丝分享给新粉丝、新粉丝变成老粉丝的裂变功能。

第二,帮消费者答疑,在相应版块抓取经典案例。消费新零售可以开辟需求挖掘渠道,消费者可以在社群互动中挖掘自己所需的产品。在消费新零售中,和传统的营销模式不同,企业在社群互动过程中能够精准抓取其他会员的经典分享案例,让其他消费者或是潜在消费者看到产品真实的使用效果,让消费者自发地点赞、评论、转发。这样既可以提升消费者和企业的良性互动,还可以实现推广宣传的多样性和趣味性,吸引并留住更多的消费者。

此外,消费新零售在运营中使用的软文区别于微商,它不再只是谈论、推荐商品,而是和消费者谈生活的情趣和修行,让消费者在商品中感到温暖。

第三,一键转发,效率升级。很多时候,企业在进行产品营销过程中,对产品的描述、图片的美观都无法做到尽善尽美,或许是产品介绍描述不详细,或许是产品图片模糊不清,这些对消费者体验的视觉效果有一定的负面作用。而消费新零售的运营软件可以快速排版,实现一键转发,定时发送。这样,企业便可以以最短的时间、最小的成本为消费者提供视觉效果良好的产品推广,实现新零售的社群网营销。此外,消费新零售的运营软件还可将企业资料上传至云,形成资料云,在缩短企业查找资料时间的同时，还可防止资料丢失，避免企业的损失。

在消费新零售模式的帮助下，社群中的企业招商成功率、销售转化率、品牌知名度都实现了全面提升，也增强了核心竞争力。

随着国际经济、中国经济、商业态势的变化，从理论到实践，再从实践上升到理论，消费新零售可以说是微商、电商、互联网、5G等领域综合性的积累产物。积累的经验需要释放，释放需要落地，所以，消费新零售的落地需要企业在理论和实践上双管齐下，企业可以借助相关的软件功能来实现。

第二节　学习网：提升价值

时代的进步与消费市场的变化让消费者更注重消费价值，消费者对产品乃至生产者的选择更为挑剔。对于生产者而言，提升企业价值成为企业未来发展的重中之重。

消费新零售通过打造"学习网"，建设网红学院、商学院和国学院三大学院来为生产者和创业者提供学习的途径。学习网的目标是帮助企业摆正心态，从自身出发，引领消费新时代。在消费者前进的路上，企业更不能落后，企业价值的提升能够为企业发展注入灵魂，同样也能为社会做出巨大贡献。

◇ 以价值为本，以学习应万变

当互联网进入下半场，企业之间的角逐变得更加激烈，产品的价格优势已经不足以支撑企业向前发展。消费者意识的迅速转变让企业措手不及，一时间不知道该往哪里出力才能牢牢抓住消费者。

消费新零售所打造的"学习网"，通过对企业价值意义的剖析实现消费升级。学习网顺应消费发展趋势，以价值为本，促进产品不断升级、消费人群不断改变，同时使品牌的影响力不断扩大。

拥有价值的企业将引领消费者新时代的未来走向，持续创造价值才能在复杂的市场变化中以不变应万变。消费升级给消费者的生活方式与价值观带来改变，有价值的消费成为消费者未来追求的方向。创业者和新生企业也要看到价值对于个人和社会的意义。

学习网能上传优秀产品案例，促进众多商家共同学习进步，有利于加快产品升级。消费升级影响着产品升级，如今的产品升级与过去的只是提高产品质量不同，企业的价值也成为影响产品升级的关键要素。学习网将优秀产品案例进行集中展示，有助于拓宽企业思维，能够让企业更加关注消费者消费理念的改变，通过互相学习，了解新产品的附加值，提高产品升级效率，从而提高消费者的价值体验，为企业增值打下基础。

学习网将全球范围内的商家连接起来，共同探讨消费新零售理念，有利于扩大消费人群的范围。面对不同种类的消费者，各个商家使出浑身解数，有的将重心放在产品包装上，有的将投入放在广告宣传上，唯独忽略了一点，价值消费。学习网连接全球商家，实时探讨消费变化，传递价值消费理念，帮助商家及时应对消费者的最新需求。

消费者面对繁杂的商品，从来不会缺乏新鲜感，更多的消费者选择追求产品的价值意义。产品的价值意义体现在企业价值之上，有价值的企业会增强消费者的信赖感，满足消费者的体验感，赢得更多不同种类的消费者。当企业不断提升价值时，吸引的消费人群将更加广泛，有助于打通市场。

学习网聘请众多专家，赋能社群会员，提升个人价值的同时也有利于提升品牌的影响力。随着科技的不断进步与创新，市场中再也不缺乏优质产品，仅靠产品质量取胜难上加难。学习网聘请专家，帮助企业提升企业价值，企业价值是塑造品牌的基础，所以提升企业价值是打造品牌影响力的最直接方式。品牌的影响力是企业长久发展的支撑，价值取胜即企业成功。

企业不断提升价值，以价值创造市场，能够实现更多的可能性。提升企业价值是吸引更多消费者的关键，是赢得未来的关键。消费新零售以消费为导向，通过构建"学习网"，助力创业者提升技能，助力企业提升价值。

✧ 建设三大学院，让提升价值有迹可循

提升价值不能仅停留在意识层面，而是要按照一定的方法来践行。消费新零售通过设立学习网，开设三大学院，为提升价值提供平台，让提升价值有迹可循。

一是建立网红学院，整合优质资源，打造有价值的网红。2019年网红直播爆红，热度至今不减，有"口红一哥"李佳琦5分钟卖掉15000支口红，实现一夜爆红；也有薇娅一场直播卖出7000万元的商品，引得众多普通人纷纷加入直播行列，可见网红直播的带货能力与商业价值潜力巨大。

未来，直播带货将是常态化的营销工具，人人都能直播，但并非人人都具有带货能力。网红学院的建立以打造有价值的网红为目标，通过邀请专业的团队，为每个社群会员提供个人定制化的课程，让每个人成为独一无二的网红甚至名人。另外，网红学院将整合优质资源，提升每个人的商业价值，提高核心竞争力。

二是创立商学院，用最专业的师资力量，提升个人能力。消费新零售离不开"消费"二字，有消费的地方即为商业。商学院的创立是为了推动社会和企业家不断进步，其会用最专业的知识服务学生。

消费新零售的到来赋予商学院更高的责任与使命，告别过去商学教育

与企业创新发展脱节的状态，以新的教学方式促进个人价值的提升。消费新零售引领下的商学院是不断创新的商学教育，将学校与企业之间的距离不断缩小，无缝对接，在实践中提高价值。在新的商学教育当中，实时关注消费变化，掌握最前沿的信息，提升个人眼界和社交圈。

三是打造国学院，让顶尖的国学大师团队带领社群修身养性。中华文化博大精深，弘扬国学经典，是未来每个人成长与实现价值的根基。在中国跃升为世界第二大经济体后，经济加速发展，企业所面临的竞争也更加激烈。消费升级与人们消费方式的不断变化让每个人措手不及，尤其对于创业者而言，更是一下子失去了方向。国学院的建立正是在这样的环境下发挥作用，国学以唤起人们的正确价值观为起始，帮助人们在浮躁的环境下修身养性，抚慰人们疲倦的身躯和心灵。

在全球化与信息化的不断影响下，人们逐渐从血缘与地缘的束缚中解脱出来，消费新零售所倡导的国学集时代性、实用性与世界性为一体，是人们走向未来的重要支撑。个人价值的提升离不开身心灵的修炼，国学院可开设一系列课程来实现价值的转化。

学习网所建设的三大学院，从价值、能力、修为三个方面赋能社群会员，通过提升个人价值实现经济效益的转化，以价值为本，开创消费新零售的新时代。

第三节　管理网：专业便捷

当今的时代，消费方式多样化，有的商家建立属于自己门店的小群，在群里发送各种产品信息，让消费者第一时间获取新的产品信息；有的门店开发属于自己的小程序或者APP，力图将自己的店铺打造成一个专业且优质的网上商城；有的商家招聘客服人员，专门在朋友圈不断发送信息，让消费者的朋友圈变成了"网上商城"。

社交新零售已到了十分成熟的阶段，线上线下的融合进一步深化，这对企业发展提出了更高的要求。在此背景下，企业若没有建设专业的管理网，就很容易给消费者带来混乱，对其造成极大的不便。

◇ 管理网的独特优势

消费渠道逐渐融合的同时，传统零售与新零售的界限也逐渐模糊。不知不觉中，你看到各式各样的消费平台出现在自己的手机里，消费变得更加便捷。楼下便利店不再只卖生活用品，而是多了一柜台的新鲜蔬菜；书店也不再只销售、借阅图书，还有咖啡满足你的需求；订个外卖都能顺便订到你想看的书籍。

消费渠道多样化可以满足不同人的特殊需求，然而过多的消费渠道无法整合划一，长此以往，对于消费者而言反而失去了吸引力。一个专业且便捷的管理网，能够帮助企业将渠道和产品分门别类，从而使消费者获得更优质的服务。

消费新零售的新鲜之处在于它进一步拓宽了自己的管理渠道。先进的管理系统能够提升新零售的运营效率，增强消费者的购买意愿，完善商家的运营机制。走进消费新时代，巨大的市场之中也存在着各式各样的陷阱，作为商家，更应该及时查漏补缺，拓宽管理渠道，如此才能在市场中赢得一席之地。

若多而杂的渠道没有进行统一管理，消费者需要通过不同的渠道购买产品，要记住哪些产品从哪些渠道购买，对于他们而言，这并不是便捷，而是麻烦。今天的消费新零售，是消费者的主场，消费者具有更大的主动权。消费者的满意程度直接决定购买意愿，因而杂乱无章的销售模式不适用于众多消费者。

当下，企业与消费者分别需要借助专业便捷的管理网来帮助自己销售产品与购买产品。所谓管理网，即将繁杂的、不同的消费渠道整合在一起进行管理。

管理网以消费者为核心，将各种消费渠道整合优化，为消费者提供更便捷、更有效、更优质的服务。谁能抓住消费者的痛点，谁就能抢先获得优势。

管理网系统的优势也体现在库存管理之中。管理网系统通过对产品信息的整合统一，能够帮助商家及时了解库存信息，使仓库管理更加智能化，方便消费者的同时也为商家提供了便利。

管理网的优势是双重的，对于消费者而言，能够提升消费体验，使其体验到更优质的服务；对于商家而言，能够使其获得更多利润的同时，运营变得高效化。

✧ 化繁为简的管理网系统

管理网不单单是把所有的消费方式与渠道简单整合在一起，为消费者提供周到的服务和更优质便捷的消费体验，而是作为一个系统，将复杂烦琐的消费方式简单化，自动为消费者提供最适合的方案。管理网系统能通过三个模块为消费者提供服务，用最专业的态度，为消费者提供最便捷的服务。

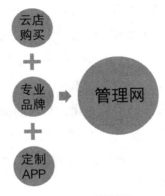

图 9-1　管理网

首先是云店购买。云店购买是常见的消费渠道，它将便捷性能发挥得很充分。消费者在云店购买时可以清晰地看到丰富的产品品类，得到最直观的消费体验。另外，区别于传统的单一线上微商，云店连接了更多的线下门店，消费者在消费时，取货方式有了更多的选择，可以快递邮寄、门店自提或是线下门店同城配送，从不同方式上满足消费者需求。

如今，手机支付早已经成为人们熟悉的支付方式，带动云店购买的比例大大上升。从消费者最熟悉的方式着手，更容易获得消费者的认可。充分发挥云店的作用，是管理网中较为重要的一种方式。

　　其次是品牌专卖。品牌效应一直以来都是企业所追求的，品牌作为一种产品的象征，也是维系企业、产品与消费者之间关系的载体。品牌的价值是不可估量的，既是企业的无形资产，也是企业的形象代表。品牌专卖是打造优质服务的一项重要方式，管理网将品牌专卖作为重要一项，能够为消费者提供更优质便捷的服务。

　　品牌对于消费者而言是一颗定心丸，产品的核心体现在品牌之上，打造属于自己的专有品牌，是对消费者负责的表现，也是对自身未来发展的投资。

　　最后是定制专业 APP。为消费者打造的专业 APP，主要由产品专卖商城和一对一售后客服两部分构成。产品专卖商城用于展示产品，作为一个窗口向消费者展示产品；售后客服则针对不同消费者进行一对一式的服务，优质的服务是让消费者二次消费的关键。

　　随着新消费的快速发展和不断变化，映入消费者眼帘的产品变得多而繁杂。产品专业卖场的设置将产品更系统地展示出来，让消费者一目了然。另外，有了专业的卖场，消费者在购买时就有了更多保障，无论是换货还是咨询，都有了可查询的地方。

　　消费者对服务越来越重视，越来越多的商家开始重视消费者购买后的感受。迎合消费者新需求，才能将平台打造得更加人性化。数字化时代，信息交互成为常态，人的价值更加显现，商家与消费者之间的关系更加紧密，友好的连接是不二选择。

　　新消费将消费者的地位进一步提升，消费引领发展已是必然，专业化的 APP 能够将服务功能发挥到淋漓尽致。如今服务标准更多地体现在速度上，专业 APP 能够及时、准确、有效地为消费者提供帮助。

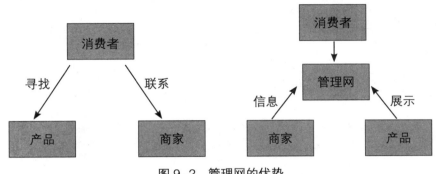

图 9-2　管理网的优势

商家不能只做一锤子买卖，长久的消费关系才能促进商家的进一步发展，企业的做大做强离不开消费者的支持，消费经济主导未来经济发展，消费创造财富。消费者的需求就是企业发展前进的动力。

管理网从消费、服务、价值三个方面将新消费的未来发展趋势明朗化，多维度与专业化的管理是打造"五网一链"的重要环节之一。管理网系统贯穿新消费的始末，是企业发展的基础，也是企业走向未来的快捷通道。

第四节　结算网：坚实后盾

2020 年是不平凡的一年，不但面临着疫情后如何复苏发展的问题，同时还需警惕"报复性消费"现象的出现。新形势促使消费业态再升级，激发消费者的消费潜力成为消费新零售发展的重点。随着物联网的飞速发展，"宅消费""无接触配送""在线教育"等新型消费方式快速发展，成为疫情下最普遍的消费方式。

消费方式的改变让消费环境变得更为复杂，为了打造健康可持续发展的消费形态，商家需要更加努力。消费新零售以消费者为中心，以五网一链的"结算网"为坚实后盾，着力打造全渠道一体化的消费新零售模式，引领消费不断向前发展。

◇ 化繁为简，从引流到留存

在消费新零售模式下，要打造"结算网"后台结算系统，设置多个接入入口，如微信小程序、公众号、朋友圈文章链接等，让用户在一个 APP 内即可完成所有消费。

152

消费新零售打造线上及线下消费者信任的消费决策入口，凭借其独有的"五网一链"汇集大量消费者，有效实现消费者引流的第一步。消费新零售平台具有超强的吸粉能力，商家可通过平台搭建的网络将产品信息发布到各大平台，通过产品展示引入流量。

完成流量引入，是结算网发挥强力作用的开始。引流完成后，结算网能够以其强大的优势为商家和消费者提供多方面便捷的服务，打通平台与消费者之间的信任通道，从而有效实现用户留存。具体来说，结算网的优势主要体现在以下三个方面。

一是打通消费场景入口。结算网具有健全的返利机制，用户只需注册，即可获得结算优惠券，金额不等。结算网通过返利机制打通线上消费场景入口，能够很好地刺激消费者进行消费，实现消费的有效转化。

二是打造消费者数据中心。结算网运用社群会员激励机制，在后台对消费者购买信息进行汇总，打造出消费者数据中心，从而有效地分析出消费者的不同特征与消费偏好，以消费次数作为基础参考值进行现金券的发放，从而促进下一次消费产生。

三是能做到日结日发。快速高效的结算是实现用户反馈与留存的基本保障，消费新零售平台的结算网能够做到日结日发，从而快速有效地提高结算效率。此外，消费新零售平台还具备"云储存"优势，这是商家能够实现快速发货、日结日发的坚实后盾。商家无须自行打包发货，产品售出的瞬间，购买信息立即传入储存仓，自行发货，快递单号自动识别，让消费者快速获得物流信息。产品发得快，消费者的购买体验佳，消费者的反馈便更为及时，也为其他消费者做出消费决策提供参考，从而吸引更多的消费者使用结算网。

从引流到留存，结算网贯穿始终。结算网全程化跟进和日结日发的特点，大大提升了消费者的体验感与信赖感，实现了消费简单化。总而言之，结算网通过强大的结算优势，持续为商家和消费者赋能，让消费者对商家产生信任感和依赖感，从而实现互利共赢。

✧ 分享产生裂变，裂变带来超额收益

消费新零售的发展离不开营销，优质营销能够给商家带来更多的销量，促进商家做大做强。结算网存在的目的是赋予商家一把尖锐的营销裂变"核武器"，将轻资产、轻创业、轻社群、轻运营的文化赋予社群会员和粉丝。

因此对于结算网而言，流量固然重要，但更为重要的是做好社群会员的经营。传统的零售模式在营销方面只是一味地将重心放在营销结果上，而不去考虑营销的前期准备和营销定位，结果造成很多失败。

消费新零售的"五网一链"是帮助商家与消费者建立良好连接的互助平台。结算网以奖励机制和秒结秒发两种有效手段促成裂变营销，既可以维护现有消费者持续消费，又有助于激励现有消费者将产品资源分享出去，为商家不断带来新消费者。

一方面，结算网奖励机制的本质是一种裂变营销。结算网打造多样化的社交裂变：一是消费者购买产品的瞬间，奖励立即进入自己的奖金池；二是消费者在购买产品后会获得相应奖励，在分享后也可以获得叠加奖励。这样的设置会刺激消费者向其他人分享产品，从而产生裂变效果，使商家获得更多收益。

此外，结算网的奖励机制还具有一键跳转功能。结算网有多种接口可接入，可实现在不同浏览器中打开奖励界面，让消费者消费限制变少，从而增加购买概率，购买概率的增加为实现消费裂变提供了基础条件。

另一方面，秒结秒发，提高社群会员分享产品的积极性。结算网的裂变源是最早一批的种子用户，即社群会员。种子用户是营销的基础，也是

裂变营销的基础。结算网制定秒结秒发的裂变玩法，即分享产品售出成功的瞬间，奖励立即进入自己的奖金池，秒结秒发，没有复杂的操作，让社群会员更容易接受，从而提高社群会员分享产品的积极性。

结算网简单的裂变传播方式有利于增加新用户，让裂变传播形成闭环，达到自发传播的效果。简单的裂变玩法不等于无趣，结算网所制定的裂变玩法重视内容，除了奖金的设置也会免费赠送产品，让消费者获得新鲜感和满足感。

总而言之，结算网作为"五网一链"的坚实后盾，从消费者的需求出发，为消费者提供专业化服务的同时，也为商家带来更多便利。结算网作为商家与消费者连接的通道，坚决不做一锤子买卖，而是通过奖励机制更好地服务商家和消费者，最终达到互利共赢。

第五节 视联网：随时随地

5G 的快速发展和应用，让流量优势进一步提升，万物互联的时代已拉开帷幕，虚拟与现实进一步交互，新零售的世界在 5G 的背景下得以重塑。

5G 意味着消费者接入互联网的速度更加迅速，进一步拉近了人与智能互联网的距离。视联网作为"五网一链"中的一环，将 VR 技术、大 V 直播、空中课堂、视频会议的各自优势集合在一起，随时随地实现流量变现。

◇ 玩转视联网四大方式

视联网作为互联网更高级的形态，将全网高清视频进行实时传输，实现远距离的人之间只有一个屏幕的距离。这样的实时网络已经推动了全新视频生活的来临，加上 5G 的商用，势必会为消费新零售的快速发展提供强有力的支持。

VR 技术已经十分成熟，2020 年也将继续深入发展。对于消费者而言，VR 的成熟与普及提升了消费者的购买意愿，这对消费新零售而言是一件受益良多的事情。VR 技术的关键之处在于实时交互与体验感的获得，消费者不再是被动的接受者，商家将 VR 技术应用在零售之中，让消费者"亲身"体验，随之购买。

当下，企业要做的是加深交互体验。VR 的灵魂是交互，交互的对象是消费者，因而我们的关注重点就是消费者。快节奏时代下，消费者的消费更多发生在碎片化的时间里，这就告诉我们，节约时间很关键，我们要把 VR 做得更加方便快捷。醒目的提示与快捷的操作会加快消费者的选择，繁杂的 VR 场景则要避免。

2020 年像是被按下加速键，一晃就过去小半年，对于商家而言，2020 年的春天是直播的狂欢。网红直播带货已成为常态，直播领域已被认为是千亿市场的"新蓝海"。说起"直播一姐"和"口红一哥"大家都不陌生，前者直播 2 小时带货 2.67 亿元，后者 5 分钟卖掉 15000 支口红，可见直播所带来的市场有多大。

你的商品摆在货架上只能实现价值转换的一半，另一半则是抓住消费者的眼球，让消费者迫不及待地购买。大 V 直播是很好的选择，利用大 V 的带货能力推销自己的产品，能够实现双赢。我们已经看到"大 V+ 明星"的直播形式出现，这也告诉我们，粉丝经济的支撑能力不可估量，抓住这个风口，亿级销售额也将有你一个位置。

VR 技术与大 V 直播是针对消费者设置的视联网中的一部分，而另一部分则是空中课堂和视频会议，侧重点转向商家。

空中课堂的设置是针对生产商与商家的连接进行。商家作为学员，为了获得新产品的第一手资料，可以通过空中课堂随时随地进行学习。空中课堂早已是一种进行实时交互的成熟课堂形式，学习形式有录播与直播。

空中课堂的优势体现在强大的互动教学功能上。新产品会有各式各样的功能、特色和优势，这些需要生产商一一介绍给商家，让商家对自己所引进的产品有足够的了解。当无法做到面对面介绍时，互动就变得比较被动，而空中课堂则可实现电子举手、语音问答、实施课堂检测等多种功能的应用，这大大缩短了商家了解产品的时间。

随着科学技术的不断发展，面对面视频会议在现代社会很容易实现。那么，视频会议为什么具有不可替代性呢？这是因为视频会议能实现千人级别甚至更多人同时参与会议的目的。视频会议集随时随地、便捷快速、高效等优势于一体，是未来大型会议的发展方向。

视联网作为"五网一链"中的中枢环节，具有不可替代性和独特的优势，最大程度地发挥视联网的作用，才能更好地引领消费新零售的发展。

✧ 如何获得私域流量的入场券

视联网将人与人之间的距离缩短为一个屏幕，"网络＋屏幕"成为人们最常见的沟通方式，这意味着人与人之间的联系变得更加频繁和紧密。作为商家，联系到用户的方式也自然而然地变多了，私域流量的获取也更为方便了。

私域流量相对于公域流量而产生，它的优势体现在无付费、任意时间与频次、可直接触达用户本身。因而私域流量产生的效益是可以达到裂变的，其中的巨大红利不言而喻。

如何将私域流量进行快速转化与变现，需要着重从三个方面着手：用户价值、社群平台的选择与企业私域流量池的建立。

第一，以获取用户为起点。用户对于商家而言始终处于核心位置。用户的留存从获取用户开始，我们可以以分享为出发点，通过老用户的分享带来新用户，这样最具有可信度，获客率最高。

第二，选择最广泛的社群平台，如抓住微信用户。微信的流量池十分庞大，除了朋友圈之外还有公众号、小程序和微信群。公众号是企业向外输出品牌价值的内容平台，而朋友圈与微信群则具有实现流量裂变的优势。

抓住微信这个具有巨大价值的私域流量是需要技巧的。狂刷朋友圈和群发助手早就已经过时，这样的方式不仅无法为企业带来价值转化，反而让众多企业失去了口碑。企业要明确建立微信群的目的与发朋友圈的意图，深入了解用户需求，从用户出发，提供定制化的服务才不会遭到消费者的反感。另外，企业还可以及时筛除"僵尸用户"，将优质用户标签化，分门别类进行整理。

第三，建立企业的私域流量池，即打造技术平台。企业开发 APP 能够直接与用户建立连接，直接将私域流量引入自己的平台之中，实现价值变现。既然是自己开发的 APP，那么就要树立品牌价值，品牌的力量是无形而又长远的，品牌的树立让企业的 APP 具有差异化，与其他同类的 APP 可以有效划分开来，增强用户的信赖。

通过用户留存、平台选择与企业 APP 的全面推进，私域流量的转化从泛泛化变得更加精准化，避免企业踩雷。未来消费新零售的发展离不开私域流量的独特价值，谁能抓住私域流量，谁就能赢得先机。

第六节　供应链：安全快捷

我们处在一个信息交互的时代，互联网的成熟和普及加快了信息传递的速度，但也给消费者带来了信息易泄露的困扰。大数据时代，消费者与企业的关系更紧密，需要建立起二者相互信任的机制。

消费的不断升级让消费者更加意识到购买产品不仅需要了解产品品质，也需要掌握对等信息，不被商家所欺骗。消费新零售集社群网、物联网、互联网应用为一体，以区块链作为技术支持，打通消费者与商家之间的沟通渠道，促进消费产生。区块链本质上作为一个共享数据库，具有"全程留痕""可以追溯""公开透明"等特征，运用在消费新零售当中可加强消费者与商家的信任度，推动消费再升级。

◇ 消费者的信任大门如何推开？

传统零售的困局重重，对于商家而言，品牌利润层层分摊让薄利也无法实现多销。与此同时，消费者面临消费信息不对称的问题，给中间商赚取差价留下空子，降低了消费者的信任度，日积月累将导致信任危机爆发。

此时，区块链的商业化发展为消费带来生机。

站在技术的风口之上，区块链已迎来转机。国家政策的支持，明确指出要把区块链作为核心技术自主创新的重要突破口，加快推动区块链技术和产业创新发展。对于消费新零售而言，运用区块链的核心优势有助于推开消费者信任之门。

想要重新打开消费者的信任之门，需要了解消费者内心痛点，加以解决，重启信任机制。

一方面，信息不对称，双向信息障碍容易阻断消费者与商家的联系。消费者以往购买产品时，了解产品的渠道很多，但仍然缺少对产品信息的掌握能力。一些不良商家会篡改产品信息，导致消费者无法真正获取真实有效的产品信息，久而久之，购买的产品出现问题时，也无法获得应有的赔偿，这给消费者带来的伤害是直接的。

减少甚至消除信息不对等的问题是重启消费者信任机制的起点。区块链"点对点传输"的方式，使商家在推出产品时将产品从生产到出厂的每一个节点的信息都录入全链，使供应链更为完整，各个节点是平等的，维护的数据越多就越能减少不对称的情况。

另一方面，消费者信息不断泄露引发信任危机。大数据时代让消费者的个人私密信息"满天飞"，各式各样的骚扰电话就印证了消费者信息泄露的问题。一旦消费者因在某个店铺购买商品出现了信息泄露，便会将这个店铺甚至这个品牌自动拉进"黑名单"，这对商家而言是巨大损失。即便不是商家本身的错，消费者也会产生担忧。

区块链技术能够有效地帮助商家和消费者解决痛点。区块链具备匿名性特征，使各个区域节点的身份信息不需要公开或者验证就可以实现匿名传递，这不仅防止了消费者个人信息的泄露，而且有助于增强消费者对商家的信任。

重启消费者信任之门，消费新零售通过运用区块链技术打造供应链，系统解决消费者困惑。有了技术的支持，商家通往消费者的距离又一次缩短。信任僵局已经打破，消费新零售蓄势待发。

✧ 区块链技术支撑，供应链更加安全快捷

未来的消费将是价值消费，消费者不再单单只是购买产品获得满足感。产品有效信息分享和产品价值实现真正意义上的转化，是未来消费者所期待的消费场景。消费新零售引领价值消费，运用区块链技术打造安全快捷的供应链，让消费者在互联网中实现产品价值传递。

供应链是"五网一链"的技术后盾，保障消费者的消费过程顺利推进。消费新零售的独特供应链采用先进的区块链技术，将产品信息透明化，并实时掌握产品的物流信息，高效、安全、快捷地实现消费转化。

第一，全程追溯，物流信息透明化。物联网的飞速发展让消费不再有时间和地点的限制，万物相连的互联网给予消费新零售全新的发展空间。区块链技术的优势与物联网天然结合，可以有效降低物流成本，全程追溯产品的生产及运输过程，提高供应链的效率。

通过运用区块链技术，将产品打上独有的区块链扫码标志，消费者一扫即可掌握产品的物流信息；同时运用区块链技术将货物的物流信息向数字化转化，能够改善物流网络的信息透明度和提高可预测性。

第二，不可篡改，防止假冒伪劣产品侵权行为。区块链技术的操作可解释为通过特殊加密的方式，采用少数服从多数原则，不同人可同时记录一笔交易，任何人都可以秘密记录信息。同时，这其中的信息是被加密传输的，无法进行修改。

运用区块链所存储的产品信息对于消费者而言是公开透明的，有助于加深消费者对产品的信任，对于商家而言保障了产品信息不被恶意修改，

有效防止假冒伪劣产品及侵权行为的产生，能够巩固商家与消费者之间的信任关系。

第三，自动筛选过滤信息，安全便捷双重保障。数据的重要性越来越被消费者看重，个人信息数据的有效转化和传递成为消费者最简单也最需要的要求。区块链的信息连接是散状网络的分层结构，在整个互联网与物联网中有着全面信息传递的优势，能够及时准确地检验信息是否真实。

全面传递信息的优势为消费者节约时间成本和提供便利。时间就是金钱，未来消费者的消费时间变得更为宝贵，消费新零售以区块链作为供应链的技术支撑，充分利用消费者碎片化时间交易，有利于互利共赢。

随着科技的进步，我国的自主创新能力不断提升，也对区块链的商业化发展起到加速作用。区块链技术为实现消费新零售供应链的安全快捷提供了有力支持。消费新零售以信任赢得消费者，供应链所有的产品信息将全程实现可依靠、可信任、可查询，安全便捷的服务将为消费者提供全新的消费体验。

第四部分

5G + 消费新零售

第十章
"5G+ 大健康" 时代下的消费新零售

2020 年，对于大多数零售企业来说都是异常艰难的一年。新冠肺炎疫情的出现为中国经济按下了暂停键，传统零售企业"哀鸿遍野"，经营难以为继。那么，疫情之下，企业生存与发展的机遇又在哪里呢？疫情的爆发使人们对健康问题越来越关注，对健康生活的需求越来越强烈，这为大健康产业提供了重要的发展机遇。

本章将立足于疫情后的大健康时代，深刻剖析疫情下零售企业和创业者的发展之道，助力零售企业和创业者打造消费新零售格局，构建大健康生态体系，促进消费业态再升级，实现经济的可持续发展。

第一节　打造消费新零售格局，促进消费业态再升级

时代在飞速发展，社会在不断进步，消费在不断升级。在这个瞬息万变的时代，直销被微商颠覆，微商被社交电商颠覆，社交电商被社交新零售颠覆，那么社交新零售又将被谁颠覆？

这个时代变化太快，稍不留神可能就会错过一个风口。在不断变化的商业环境中，创业者如何才能抓住机遇，在新的商业格局中快速布局呢？

◇ 传统零售模式弊端尽显

2019 年，国务院在《政府工作报告》中指出，要将推动消费稳定增长作为一项重点任务。要达到这一目标，可以集中力量在三个方面发力：一是着力让消费的体制机制更加"活"起来；二是着力让消费的社会环境更加"优"起来；三是着力让群众的腰包口袋更加"鼓"起来。

如今，我国已经是消费大国，消费市场具有巨大的潜力。近年来，随着生活水平的提高，人们对产品和服务质量的要求也越来越高，消费结构在不断升级。从传统消费到新型消费，从商品消费到服务消费，国内消费

需求逐步从同质化、单一化向个性化、多元化升级。

新的消费需求催生消费新业态、新模式，传统的零售模式必然会出现一定的局限性。

直销模式。2018 年底，权健事件爆发，夸张宣传，并最终发展成传销暴露了部分直销公司的不规范运作问题。除此之外，还有其他多个直销平台被批评处理。直销领域接二连三的风波给大众留下了不好的印象。

微商模式。前微商时代，三无产品横行无忌、朋友圈炫富造假刷屏；后微商时代，活下来的都是精英，但引流仍是一大痛点。

社交电商。社交电商竞争激烈，新平台层出不穷，模式雷同，供应链雷同。很多社交电商往往因为拉人头、赚佣金陷入涉传旋涡。

社交新零售。社交新零售利用头部网红大 V 直播，短时间内把货卖到爆。但大 V 都有不可复制性，短视频直播只能最终成为一种营销工具。

随着消费不断升级，传统的零售模式弊端尽显。那么什么样的零售模式和格局才能够与当前的消费水平匹配起来呢？

一种全新的商业模式——消费新零售，能够解决传统零售模式的所有痛点。这主要在于其在商业上取得了三大突破：一是从商品经济、市场经济转向社群经济的消费平台突破；二是从服务客户的一次性价值转向服务客户终身消费价值的突破；三是从经营产品转向服务客户的体验感、荣誉感、价值感、责任感、使命感的突破。消费新零售的终极目标是打造粉丝会员化、会员社群化、社群圈层化的命运共同体。

随着消费的不断升级，传统零售模式已经很难满足消费者的多元化需求，也无法匹配企业的创新发展战略。企业要想获得持续发展，就要进行商业形态重塑，突破旧商业模式，积极布局消费新零售，从新商业模式中寻找发展机遇。

✧ 消费新零售的应用效果

《政府工作报告》中指出:"发展消费新业态新模式,促进线上线下消费融合发展,培育消费新增长点。"各企业要积极响应国家政策号召,致力于打造以消费者为中心、全渠道一体化的消费新零售模式。

消费新零售集社群网、物联网、互联网应用为一体,以产品为导向,实现了线上、线下销售的完美结合,形成了系统完整的研、产、销生态链闭环,为全球渠道商和终端消费者提供高品质的产品和全方位的增值服务。

消费新零售的应用效果主要包括以下三个方面。

一是效率升级。破冰、挖掘需求、吸粉、锁粉、裂变增量、一键转发不用愁;所有资料、疑问轻松找,随时答,大幅度提高团队工作效率。

二是效果升级。招商成功率、销售转化率、会员满意度、团队凝聚力、品牌知名度、用户忠诚度全面提升,增强核心竞争力。

三是管理升级。统一的信息流,智能 CRM,快捷协作让管理更高效;用户标签采集为精细化运营和产品升级提供支持。

消费新零售是以消费升级为大背景、以技术进步为手段所引发的一场消费革命。在 5G、大数据、物联网、人工智能等新技术和消费升级的双轮驱动下,消费新零售引发了整个零售行业的新一轮变革。在这场零售业的变革中,供应链、销售方式、营销方式等各个环节都将发生质的改变。

企业通过打造消费新零售格局,促进消费业态再升级,致力于为更多的创业者和消费者提供便利。处在瞬息万变的市场环境中,每个创业者都要拥有应对变化的能力,努力学习新技术和新工具,立足市场,积极拥抱消费新零售。

第二节　构建大健康生态体系，提高新零售战略地位

一个时代有一个时代的印记，每一年也有专属于自己的年度关键词。2020 年的关键词是什么？必然少不了 5G、人工智能、大数据、区块链等科学技术名词。除此之外，疫情的出现使健康、中药、防疫、病死率等也成为大众广泛关注的关键词。

2020 年，在全国疫情防控的严峻形势下，大健康产业"危"中有"机"，迎来了全新的发展机遇。

✧"疫情"后的"大健康"时代

2019 年年底，一场疫情突如其来，打乱了人们的生活节奏，这场延续至今的疫情，截至 2020 年的 5 月份，已经夺走了全球 30 万人的生命，整个世界仿佛被按下了暂停键。2020 年，对个人、对行业、对社会无疑都是极具挑战性的一年。

站在行业与创业者的角度思考，这次疫情给我国宏观经济形势造成了一定的压力，也给创业者带来了一场无情的大考。疫情之下，传统零售业

哀鸿遍野，零售企业几乎都处于停业状态。在巨大的危机下，零售企业损失惨重，大企业也很难独善其身。

危机的发生已然不可逆，但是，危机中往往伴随着发展机遇，创业者要善于从危机中寻找破局的机会。

疫情的出现，大大增加了人们对医疗物资的需求，提升了人们对健康的认知，催生出了新的市场机遇，使我国大健康产业进一步迎来了发展机遇。

那么，什么是大健康及大健康产业？

大健康是一种全局健康观，提倡在生命全过程全面呵护的理念指导下进行自我健康管理，关注各类影响健康的因素。大健康追求的不仅是个体身体健康，还包含精神、心理、环境等方面的健康；不仅提倡健康的生活方式，还提倡健康的消费观念。简而言之，大健康蕴含的核心理念就是让人们"生活无忧、少病少恼、健康消费、高品质生活"。

大健康产业则是指与人身心健康相关的产业体系，它以健康长寿为终极目标。大健康产业链涉及个人从生到死的整个生命周期。具体来说，大健康产业按业态可以分为"健康管理、医疗医药、康复智能、养老养生"四个维度。

如今，大健康产业已经成为全球一大产业，也是疫情之下仍然蓬勃发展的行业之一。目前，我国大健康产业的发展机遇主要在于以下四个方面。

一是政策支持。2016 年 10 月 25 日，中共中央、国务院印发了《"健康中国 2030"规划纲要》，对普及健康生活、建设健康环境、发展健康产业等方面做出阐述，将大健康上升到了国家发展战略高度。

二是观念转变。疫情的蔓延使人们的健康意识得到了提升，以前大家并不太关心如何提升免疫力、补充营养，疫情之后大家转变了观念，开始寻求更健康的生活方式和工具。

三是防疫需求。随着疫情的爆发，人们对消毒、防疫、保健等健康产品的需求越来越大。

四是技术进步。随着 5G、人工智能、大数据等科学技术的发展，智能医护机器人、智慧远程医疗、健康监测等智能医疗设备的应用越来越广泛，大健康产业发展前景向好。

可以预想到的是，疫情终将被战胜，大健康产业也将迎来它的蓬勃发展之路。《"健康中国 2030"规划纲要》提出，2020 年中国健康服务业总规模将达到 8 万亿元人民币，2030 年将达到 16 万亿元。未来 10 年，中国一定是领先全球的健康产业市场！

✧ 构建中国式的健康管理方案

这次疫情，中医药在前期干预、全程治疗方面发挥了积极作用。随着全球疫情的爆发，中国式的健康管理方案走向世界，为世界各地抗疫人民提供了有效的帮助。中国式的健康管理方案，按照中医思维方式研发产品，是一种全方位、天人合一、大道至简的健康解决方案。

在消费新零售时代，创业者要积极构建大健康生态体系，打造中国式的健康管理方案，让每个家庭都有一个生命银行的管理系统。

一方面，产品本身要可靠。尤其在大健康领域，产品质量一定要过硬。从产品工艺、核心技术、用料等方面把关，使自己的产品与同类产品相比具有领袖地位和不可复制性。2018 年的"权健事件"就是一个极端的反面案例。虚假的"权健疗法"不仅不能帮助患者治愈疾病，甚至还会延误治疗时机，加重患者病情。

另一方面，产品覆盖面要广。通过一定的营销手段加快产品传播速度，打造爆品。基于产品的硬实力，结合互联网、AI、大数据等先进技术，用好的口碑不断地社交裂变、倍增。引流吸粉、拉粉、留粉，让消费者认为使用自己的产品是一种流行趋势、流行文化，从而迅速建立信赖关系。

在大健康领域，每一位创业者都应该树立"爱健康、爱美丽、爱生活、爱生命"的理念，以服务消费者为导向，视用户体验为生命，基于人类健康的全生命周期，设计研发不同的系列产品，以更完整的商品化形态为用户提供健康管理解决方案，为每个人、每个家庭打造健康的生命银行。

如今，在"互联网+"、大数据、人工智能、5G等新兴技术的驱动下，基于大健康产业的消费新零售迎来了发展的黄金机遇，我国数字化健康管理将进入快车道。面对时代赋予的机遇，企业要对自身提出更高的要求，结合自身的产业链优势，为"健康中国战略"的顺利实施提供助力，努力实现中医药养生文化的创造性转化，创新型发展，打造民众信赖、品质卓越、走向世界的民族品牌；同时，也要全力践行企业责任，为大健康行业进入良性、有序的发展轨道出谋划策，做弘扬正气、有责任、有担当的榜样企业！

第三节　连接全球消费新零售，打造千万级社群领袖

当今时代，已经从商品经济转向社群经济。企业或创业者面对的是一个百万铁骑不如百万铁粉的年代。新时代必定有新玩法，新战场需要有新将领。社群经济时代，想要打一场漂亮的仗，就需要积极拥抱消费新零售，努力提升自己各方面的素养，成长为优秀的社群领袖。

近年来，移动互联网快速普及，这为社群经济的发展按下了加速键。消费新零售企业加快布局社群平台，正在促使消费新零售快速实现全球连接。面对新的商业格局，你做好准备了吗？面对前所未有的发展机遇，下一个千万级社群领袖是你吗？

◇ 千万级社群领袖是你吗？

移动互联网的出现突破了地域的限制，使得以网络为基础的社群活跃起来。社群经济，这是移动互联网时代所有创业者都应该抓住的机遇。而构建社群并成为社群领袖，是快速进行消费新零售商业布局所必需的环节。

如果将社群比作太阳系，那么社群领袖就是太阳系的中心点太阳，具有极大的驱动力和能量，而社群的粉丝则呈现出层级化递进，从盲粉到铁粉，从铁粉到钢粉，从钢粉到金粉。社群领袖与粉丝融为命运共同体，不断前进和升级，共同践行社群的使命，实现自己的价值。

消费新零售以社群为纽带，以消费者为中心，不断进行新零售商业布局，打造粉丝会员化、会员社群化、社群圈层化的命运共同体，成为引领社群经济发展的中坚力量。

2019 年是网红直播爆发的一年，这一年涌现出众多知名网红主播，他们的商业价值、带货能力、实际创造的净利润均远超目前部分上市公司。疫情期间，越来越多的政府官员、知名人物都开始直播带货，为经济发展贡献力量。未来，直播带货将是常态化的营销方式。

面对前所未有的发展机遇，下一个千万级社群领袖是你吗？

✧ 如何成为优秀的社群领袖

社群领袖就是社群的 IP，必须具备过硬的素质，才能有效引导社群粉丝，从而实现合作共赢。

社群领袖需要具备三方面的素质。一是专业，社群领袖要"一专多能"，一专即在某个领域内是专家，如在读书社群中社群领袖要是个读书高手，多能即具备多方面的能力；二是靠谱，这要求社群领袖注重粉丝利益，不做容易让粉丝失望的事情；三是好玩，这要求社群领袖有一定的人格魅力，发展至少一种兴趣爱好，这样吸粉能力会更强。

那么，如何才能提升自己的素质，成长为优秀的社群领袖呢？消费新零售能够全面系统地为创业者赋能。

一是赋予创业者一把营销裂变核武器。消费新零售平台有多个入口可以接入，如微信小程序、公众号、朋友圈软文链接等，其目的在于赋予社群会员一把尖锐的营销裂变核武器，将轻资产、轻创业、轻社群、轻运营的文化传递给社群会员和粉丝，能够有效节省时间和精力，轻松学习培训，降低运作难度，让传播度、美誉度加快社交裂变的速度。

二是帮助创业者做好朋友圈"形象装修"。过去，宝妈、上班族、学生时间较紧，手头事情较多，编辑图片和文字需要花费大量的时间和精力，甚至因为图片不够引人，排版不够美观，频繁刷屏遭到朋友的反感和拉黑。而在平台上，创业者定制的软文推送、美图宣传可以实现一件转发，定时发送；在社群互动版块，还可以抓取其他会员的经典分享案例，点赞评论转发，提升互动性的同时也实现了推广宣传。

三是通过建设三大学院赋能社群会员。平台通过建设网红学院、商学院、国学院，全面赋能社群会员，提升个人、商家乃至整个社群组织的素养和修为。

四是建设视联网为社群领袖打造直播窗口。未来所有的培训、会议、学习都可以在消费新零售平台中完成，省时省力。消费新零售平台还会为社群领袖打造自己的直播窗口，将公域流量转化为私域流量，将私域流量变现为价值。

通过消费新零售平台赋能，相信会有很多创业者从中获得成长的力量，在消费新零售的事业上迈出坚实步伐，全面提升自己的获利能力，迎接未来消费新零售的蓝海机遇。

第十一章
消费新零售的未来

这是一个日新月异的时代，行业固有的准则正在不断发生变化；在新环境和新经济下，企业的商业模式在不断发展演变。时代变局之中，旧的商业模式和平台正在走向没落，而新的商业模式正在有序建立。

疫情下的危机之年亦是转折之年，在迷失和探索中，企业要及时调整商业模式，用消费新零售商业模式确保企业稳步发展，做到在动荡中出生，在危机中成长。

第一节　万物互联，共通共生

从过去的邮电时代到现在的电信时代，从互联网时代到移动互联网时代，进化的不仅是方式，更是思维。如今，互联不再是狭义的动作，而是一种商业状态。未来的市场将会成为一个万物互联的市场。

在万物互联的背景下，市场中的所有企业都在进入或者试图进入与主营业务关联不大的领域，金融、通信和家居、服饰这些看似并无太大关联的领域正在逐渐融合，被物联网连接在一起，形成共通共生的关系。

✧ 当万物连接在一起

今天企业面临的挑战是什么？疫情下的经济，无法判断的未来，以及万物互联所带来的更深层次的影响——让行业边界和竞争壁垒逐渐模糊。同时，随着数字经济时代拉开帷幕，AI 技术的深入，企业和产品所处的环境都发生了巨大的变化。

阿里巴巴集团前执行副总裁、总参谋长曾鸣发表过一个观点，他说："'万物互联'是互联网时代的重大突破，互联网最终的使命是让任何人、任何物、任何时间、任何地点、随时展现，这是真正的所有人、所有物都互联、互通、互动。"

此外，全球领先的互联网设备供应商思科系统公司发布的《思科万物互联价值指数调查白皮书》中也指出：万物互联将信息转化为行动，给企业、个人和国家创造新的功能，并带来更加丰富的体验和前所未有的经济发展机遇。

如果说互联网是人与人的连接，物联网便是将人与物、物与物进行连接，那么万物互联便是将人、物、数据、流程、场景等有效结合在一起，并形成共通共生的关系。

未来，无处不在的万物互联可以使企业获得更为完整、精准、及时和更具价值的信息，降低企业运营成本，大幅提升生产效率，全面完善用户体验。共通共生的存在则让企业形成一种基于消费者价值创造和跨领域价值网的高效合作组织形态，在社群经济的助力下，实现资源共通，价值共创，利润共享，互利共赢，从而促进企业持续高效发展。

万物互联和共通共生的出现打破了过去的单向竞争思维，也打破了固有的商业模式，开始围绕消费新零售这一商业模式展开经营，完成消费平台、客户价值和服务客户这三大商业突破，进而打造命运共同体，实现企业价值最大化。

无论身处哪个时代，逆潮流发展的企业都将会走向灭亡。今天的市场，处于飞速变化之中，万物互联、共通共生是市场未来发展的方向。企业只有做到万物互联、共通共生，才能不逆时代潮流，抓住机遇，实现长足发展。对企业而言，被迫改变或许可以换取生存的机会，但主动求变则可以占得先机。

◇ 万物互联的未来，共通共生的市场

2020 年 5 月 7 日，工信部发布《关于深入推进移动物联网全面发展的通知》，指出：到 2020 年底，NB-IoT（窄带物联网）网络实现县级以上城市主城区普遍覆盖，重点区域深度覆盖；移动物联网连接数达到 12 亿。

此外，相关预测显示，全球物联网连接设备将超 500 亿个，会产生600 泽字节（计算机存储容量单位）的信息。万物互联、共通共生已经成为全球信息科技发展的重要趋势之一，它的出现和兴起为我国企业的经济发展带来了难得的机遇。

万物互联、共通共生让企业具备极强的应变能力，能灵活地应对外部环境的变化，通过对内外部资源的有效调整，进而进行整合和变革。在万物互联、共通共生的影响下，消费新零售的零门槛、云储存、自流量和全球化四大优势将会得到更大的发展空间，助力企业在危机中更好生存，在机遇中更快发展。

中国经济已经进入新零售时代，在这样的时代背景下，忽视万物互联和共通共生的企业是很难存活下来的。万物互联、共通共生赋予企业更为顽强的生命力，让企业在危机中实现稳步发展。

了解市场的未来动向，是企业赢得市场、走向成功的捷径。市场永远在变化，我们很难精准预测未来，但无论它怎么变化，在消费新零售这一商业模式下，万物互联、共通共生最终会成为未来市场的发展趋势，企业未来的发展规划方向。

第二节　人工智能，跨界融合

零售业的历史已经走过了五个阶段，第一个阶段是百货商店，第二个阶段是连锁商店，第三个阶段是超级市场，第四个阶段是电子商务，第五个阶段是新零售。如今，第六个阶段消费新零售已初现雏形。

新零售的战场从未平静过。无数传统的线下业务公司挂上了新零售的旗杆，开始向外拓展业务；也有更多的线上平台开始纷纷加入新零售的战场，布局市场。

✧ AI 助跑消费新零售

从 20 世纪 50 年代开始，AI（全称为 Artificial Intelligence，即人工智能）历经多年发展，被不断运用到各种场景中。经过长时间的运用和优化，AI 从设备感知到大数据分析，到辅助决策，再到重塑商业模式，其力量早已不容忽视。

在 AI 的推动下，新零售和电子商务正发生着翻天覆地的变化，为了顺应时代趋势变化，企业以 AI 为驱动，选择跨界与新零售进行融合。从试水到模式化，新零售在全国遍地开花；线上与线下从分裂走向融合，新零售与 AI 成为密不可分的整体。

在这个消费升级的时代，企业要利用数字化的技术手段，去孵化出一个更适合企业发展的商业模式，消费新零售便是这样的一个产物。在消费新零售浪潮滚滚而来之际，AI 与其发生碰撞之后，又能出现怎样的化学反应呢？

一方面，AI 和消费新零售的跨界融合不仅可以充分发挥、放大企业的产品优势，而且还可以帮助企业进行数字化改造和供应链优化升级，从而提高企业的市场竞争力。另一方面，AI 对接消费新零售，将加速推动企业和行业的变革。AI 可以根据消费者数据，为企业构建更适合当下发展的商业策略，提升企业的生产效率，全方位满足消费者的购物需求，给消费者提供更有品质和个性化的服务。

跨界融合势必会让原有的市场商业秩序发生巨大改变，企业之间的拉锯战也将拉开序幕。而 AI 和消费新零售的跨界融合为企业在当下的市场竞争中提供了正确的战略指导，为企业提供了突破困境和解决痛点的方案，助力企业在当下的市场中占得先机。

◇ 突破边界，跨界融合

企业身处一个瞬息万变的市场环境，不断涌现的新兴企业打破了过去的竞争法则，改变了市场的竞争格局。他们不再视固有模式为圭臬，而是在跨界的边缘探索，以寻找更为适用于当下的模式。如今，跨界融合已经是大势所趋。平台和模式没有边界，企业以新的消费新零售商业模式为助力寻找下一个风口；消费者的需求也没有边界，企业以满足消费者多元化需求为出发点进行跨界融合。

那么，AI 和消费新零售的跨界融合究竟有着怎样的特点和优势呢？

第一，跨界融合的生态性。消费新零售和人工智能的融合形成商业生态系统，涵盖了网上页面、实体店面、支付终端和物流平台等诸多方面，并辅以娱乐、交友、阅读和学习等多元化功能，进而推动企业线上服务、线下体验，为消费者提供全方位服务。

第二，AI和消费新零售的智慧性。AI和消费新零售的出现让消费者在购物过程中更加看重个性化、即时化、便利化和碎片化。对企业来说，产品升级和渠道融合迫在眉睫，因为隔空感应、拍照搜索、语音购物、VR逛店、无人物流、自助结算等都将成为消费者的新选择。

第三，AI和消费新零售的体验性。随着消费的不断升级和产品的极大丰富，消费者的消费观念逐渐从"价格消费"向"价值消费"迭进，购物体验也已经成为影响消费者购买的因素之一。跨界融合后，企业赋予消费者全面深入了解产品的直接机会，得到消费者在视觉、听觉和使用感受方面的综合反馈。

当下，AI和消费新零售跨界融合成为企业革新自我、提升自身实力的重要途径之一，为企业的发展注入了全新的活力与动力，帮助企业深入探索未来商业的发展趋势。所以，身处市场的每一个企业，要充分意识到跨界融合的重要性，将自身发展与消费新零售结合，并付出行动开始践行，如此才能立足于市场。

第三节　机遇与挑战并存，赢在未来

2020 年的开局注定是不平凡的，新冠肺炎席卷全国，商家关门，工厂停产，交通停运，各行各业都受到极大影响，有的企业经济甚至遭遇了断崖式下跌。在这次疫情的笼罩下，世界经济陷入困境，全球性经济衰退风险加大。

一时之间，悲观情绪四处蔓延，无数企业面临着一场"生死大考"，不知道未来的方向在哪，有的甚至不知道未来在哪。

◇ 危机下的机遇与挑战

当 2020 年的春节如约而至的时候，原本喧嚣的市场却被疫情冻结，无数企业被迫按下了暂停键。但企业面临的危机绝不仅仅只有疫情的冲击，线下消费再遇重创，消费结构不断升级，危机这把利剑悬在每一个企业头上。

面对危机，无数企业深感恐慌，只能小心翼翼，如履薄冰，生怕一着不慎便湮灭在时代洪流中。

可是，当翻看历史，我们就会发现一个很有趣的现象：很多伟大的公司都是诞生在经济危机时期。1873年的世界金融危机时期，宝洁公司在美国俄亥俄州诞生；1907年的经济大萧条时期，通用汽车出现在人们的视线中；1911年的"一战"前夕，IBM的百年历史从那时开始书写。

此外，还有很多企业在危机中逆势突围。1994年，墨西哥处于经济危机时，所有企业都在缩减在墨西哥的投资，但可口可乐却反其道而行之，开始加大在墨西哥的投资力度，企业业绩一路飙升。2008年，金融危机席卷全球，众多企业业绩纷纷下滑，但欧莱雅却在上半年实现了销售额逆势增长5.3%；优衣库也在这年崛起，彰显了其在危机中的生命力。

这些诞生于危机时期、崛起于危机时期的企业仿佛有着更为顽强的生命力，它们在动荡中出生，在危机中成长，在繁荣中发展。这些历史仿佛在向所有人传递着一个讯号：危机并不是独自而来，它往往与机遇作伴。虽然2020年的开局并不顺利，但这并不意味着企业没有翻盘的机会，毕竟危机既是挑战，更是机遇。每一次的动荡中都会有企业倒下，但一定也会有新的企业崛起，这是不变的历史轨迹。

◇ 展望未来新十年

危机的到来让全球经济蒙受了巨大的损失，但中国作为最先结束疫情的国家，经济先一步进入复苏期。处于复苏期的市场，有大量的品牌和模式崛起，其中消费新零售作为全新的商业模式，为企业提供了不一样的思路和方向，能够帮助企业建立一个全新的商业系统，这将是中国企业下一轮发展的动力。

企业想要在危机中获得成功，刚开始往往需要借势，需要站在风口上。而消费新零售则能够让企业站在正确的风口做出正确的选择，并得到美好的结果。企业积极布局消费新零售，便能借助风口实现快速发展和提升。

在消费新零售的助力下，企业将通过服务满足消费者的自我需求，同时为消费者提供线上线下有机结合的消费场景，最终实现企业的持续发展，并加快企业在消费平台、消费者价值和服务客户方面的突破。

消费新零售的价值和作用刚刚展露，想要在危机四伏的市场中始终屹立不倒，企业就要将消费新零售的商业模式提上日程，让其成为未来发展的重要助力和坚实基础。

环境的骤变，时代的更迭，这是谁都无法阻止的。在危机的笼罩下，企业或许会步入停滞期甚至是倒退期，同时还会面临着各种未知的危机和难题。但，企业不能恐惧，更不能盲从，而是要在消费新零售这一全新的商业模式下抓住机遇，找到正确的可行之策，从而实现转"危"为"机"，在逆境中快速成长。

时代总在向前发展，市场总在优胜劣汰，它就像一列呼啸而过的列车，不会因为任何事情而停下前进的脚步。企业想要生存下去，唯有拼尽全力踏上前进的列车，最终站在时代发展的前端。